# 여인의 초상

**The Portrait of a Lady**

서숙 교수의 영미소설 특강 4

# The Portrait of a Lady

# 여인의 초상

서 숙 지음

이화여자대학교출판부

## 〈서숙 교수의 영미소설 특강〉 시리즈를 펴내며

대학에서 영미소설을 강의한 지 20여 년이 훨씬 넘어가고 있다. 두 번째 안식년을 다녀온 가을 학기, 나는 물었다. 그동안 내가 했던 그 많은 강의들은 다 어디로 갔나. 나와 함께 책을 읽었던 그 많은 젊은이들, 그들은 모두 어디서 무엇을 하나.

〈영미소설 특강〉 시리즈는 이런 질문에서 시작되었다. 나는 강의실에서 소설을 읽으며 우리가 거쳐 간 그 강렬했던 지적·정서적 경험을 되살리고 싶었고, 우리에게 살아 있음을 깨닫게 해주었던 그 순간들을 기억해내고 싶었다. 사라져버린 그들과 나의 시간에 정체성을 부여하고 싶었다.

지구력과 인내가 요구되는 특강 시리즈를 이런 개인적인 느낌만으로 시작한 것은 물론 아니다. 〈주홍글자〉, 〈위대한 개츠비〉, 〈허클베리 핀의 모험〉, 〈여인의 초상〉 등으로 이어질 이 강의록을 통해 일반 독자들이 영미소설과 문화를 이해하는 데

일조하고 싶다. 그러나 무엇보다도 강의라는 형식의 글쓰기를 통해 소설 읽기의 즐거움과 소설 공부하기의 훈련이 별개의 것이 아님을 확인하고 싶다. 외국어라는 암호를 일단 풀어야 하는 경우에는 더욱 그렇다. 강의로 끝나버리는, 허공으로 사라지는 의미와 말들을 다시 붙들어 응시하면서 나는 활자가 열어주는 무궁한 세계를 재발견하는 듯하다. 그렇다. 까맣고 또렷한 글자들은 영롱한 생명을 품고 있는 씨앗들이다. 우리 눈에, 가슴에 뿌려진 씨앗들은 언젠가 싹을 피워낸다. 이 막강한 영상매체의 시대에 활자의 힘에 대한 이 깨달음은 나에게 새삼스럽고 소중하다.

나와 함께 소설을 읽으며 우리들의 텃밭을 가꾸었던 이들에게 이 책을 드린다. 이 시리즈를 기획한 김용숙 선생님과 출판부장 최민숙 선생님, 그리고 편집을 담당한 이혜지 선생님에게 감사드린다.

서 숙

# 차례

The Portrait of a Lady

*The Portrait of a Lady*

# 시작하면서

여러분 안녕하세요? 안개 자욱한 이 가을 아침에 여러분을 다시 만나니 기뻐요. 우리가 헨리 제임스Henry James의 소설, 『여인의 초상The Portrait of a Lady』을 읽을 생각을 하니, 주인공 이사벨 아처를 만날 생각을 하니, 흥분마저 느껴집니다.

오랜만에 이사벨을 만나는데, 가슴이 설렙니다. 생기발랄하고 매력적인 이 젊은 여성을 다시 만나면서, 그동안 잊고 있었던 또는 어느 순간부터 외면하기 시작했던 청춘의 특징들을 다시 생각하게 되니까요. 이 소설을 선택하기 전에 망설였어요. 헨리 제임스 특유의 이 정교한 문장들을 잘 이해할 수 있을까. 그의 치밀한 심리적 추적들을 감당할 수 있을까. 그러나 해보기로 했어요. 무엇보다 이 소설은 재미있거든요. 그리고 늘 그렇듯이 여러분은 해낼 수 있으니까요.

이사벨은 젊고 생기 넘치고, 세상에 대한, 삶에 대한 기대와 호기심으로 가득 차 있어요. 그녀는 자유와 독립을 무엇보다 소중하게 생각하며, 인습이 아닌, 누구의 간섭이 아닌, 스스로의 의지로 사물을 판단하려 합니다. 우리는 이사벨의 삶을 따라가면서 공감하고 한숨 쉬고 비판하게 될 것이에요. 또한 시대와 장소, 문화와 세대, 계층과 인종, 여성과 남성, 이런 조건들에서 비롯되는 차이점을 뛰어넘어 한 여성으로서의, 한 개인으로서의 고유성이란 무엇인지, 그런 것이 있기는 있는지 등에 대해서도 생각하고 질문하게 될 것입니다.

이사벨을 지지하는 이들이 많아요. 비판적인 이들도 많아요. 이사벨을 비판하면서도 좋아할 수밖에 없다고 하는 이들도 있고, 이사벨을 이해하면서도 얄미워하는 이들도 있어요. 진정한 애인 또는 친구가 비판하는 것처럼 말이지요. 이런 다양한 독자들의 반응은 이사벨이라는 인물의 복합적이고 역동적인 특징을 말해주지요. 그녀를 통해 제기되는 결코 단순화시킬 수 없는 질문들이 우리 삶의 깊이를 보여주기도 하구요. 이사벨을 좋아하는가 아닌가는 우리들 각자의 몫이고, 우리 마음이지요. 중요한 것은 우리의 호감, 비호감에 상관없이 이사벨은 자신의 고유성을 가지고 자기 존중감을 지키는, 살아 있는 인물이라는 것이에요. 그것이 이사벨이 우리에게 발휘하는 힘이지요.

헨리 제임스는 19세기 심리적 사실주의 문학의 대표적인 작가로 평가받고 있습니다. 인간의 의식에 대한 그의 집요한 탐색은 의식의 흐름 기법에 큰 영향을 주었지요. 그는 미국의 지적 · 문화적으로 상당히 영향력 있는 집안에서 태어났습니다. 아버지는 목사였고, 대표적인 미국의 심리학자 윌리엄 제임스가 그의 형이지요. 하버드 법대에 다닌 적도 있으나 아버지의 교육 방침에 따라 그는 어렸을 때부터 유럽의 여러 도시들을 다니면서 가정교사와 함께 공부했어요.

그는 생애의 대부분을 영국에서 보냈고, 미국을 다시 방문한 것은 60세가 넘어서였습니다. 그는 사망 한 해 전에 영국에 귀화했고, 그의 유해는 지금 뉴잉글랜드 케임브리지에 안장되어 있어요.

이처럼 헨리 제임스는 평생을 유럽에서 살면서 미국과 유럽의 두 문화를 관찰했던 작가예요. 그는 인간 의식의 변화에 대한 치밀한 묘사를 통해 미국과 유럽의 가치와 규범들을 비교 대조한, 흔히 말하는 글로벌한 주제를 다룬 소설들을 썼지요. 미국인의 특성으로 알려진 요소들, 즉 경험의 부재에서 오는 순진무구함, 삶에 대한 자신감과 낙천성을 가진 인물들을 역사와 경험으로 오염된 또는 성숙한 구대륙 유럽을 배경으로 움직이게 하고, 이들의 심리적 · 사회적 양상을 탐구합니다.

『여인의 초상』 역시 유럽에 사는 미국인들을 중심으로 전개되는 이야기예요. 이 소설에서 유럽에 사는 미국인들은 두 집단으로 나누어집니다. 하나는 유럽에서 오래 살면서도 미국인의 특성을 계속 보존하는 인물들로, 이들은 사회적 · 경제적으로 성공하여 유럽 사회의 중심부로 진입한 사람들이지요. 다른 하나는 오랫동안 유럽에서 살고 있으나, 주류 질서에 진입하지 못하고 주변인으로서 살아가는 이들입니다. 이들의 특징은 무엇을 해서 먹고 사는지가 불투명하고, 따라서 사회적 정체성도 모호합니다. 주목할 것은 작가가 이 두 집단의 특징을 그들의 도덕성과 연결시켜 모색한다는 점이에요. 다시 말해, 신생국 미국에서 이주한 인물들이 경험과 역사의 공간, 유럽에서 살면서 어떻게 자신들의 정체성을 지키는지 또는 정체성을 잃게 되는지, 그리고 이것이 그들의 도덕적 상태와 어떻게 상관있는지를 보여줍니다. 그가 당시 정치 · 사회 · 경제적으로 변방인들인 유럽 속의 미국인들의 정체성을 도덕적 관점에서 탐색한 것은 우리가 살고 있는 이 글로벌 시대의 삶의 조건들에 관해서도 대단히 중요한 성찰을 제공합니다.

이 소설은 상당히 길어요. 19세기 소설의 특징이기도 합니다. 여러분과 나를 위해서 간단하게 안내를 하지요. 소설은 크게 두 부분으로 나누어집니다. 전반부에서는 이사벨이 결혼을 결정하기까지의 과정을 다루고 있고, 후반부에서는 이사벨의 결혼 생활을 독자에게 알려주는데, 이를 위해 또 하나의 결혼,

오스먼드의 딸 팬지의 결혼이 중심에 있습니다. 그리고 이 과정에서 이사벨이 그때까지 몰랐던, 자신의 결혼에 개입된 인물들의 실체를 알게 됩니다. 좀더 자세히 보지요.

전반부(1장에서 35장까지)에서는 부모가 없는 미국 처녀 이사벨 아처가 이모인 터체트 부인을 따라 영국 교외의 오래된 저택으로 오게 됩니다. 미국인이지만 런던에서 자리잡고 살면서 성공한 은행가로서 은퇴한 이모부 터체트 씨 집에서 이사벨은 영국 귀족 워버튼 경의 청혼을 거절하고, 그녀를 따라온 미국인 청년 사업가 굿우드의 청혼도 거절합니다. 총명하고 생에 대한 열망으로 가득 차 있는 이사벨이 어떤 삶을 살 것인지 호기심으로 바라보던 사촌 랄프는 아버지에게 요청하여 자신의 유산 절반을 이사벨에게 주도록 합니다. 이런 사실을 알 리 없는 이사벨은 이모의 친구 마담 멀과 친해지게 되고, 이사벨의 유산 상속을 알게 된 마담 멀의 음모로 오스먼드와 결혼하게 됩니다.

후반부에서는 결혼 뒤, 이사벨은 자신이 생각했던 것과 너무도 다른 오스먼드의 실체를 알게 됩니다. 예술적 안목을 가진, 세속의 욕망에 초연하다고 믿었던 오스먼드가 권력욕과 인습의 노예이고, 이기심과 독선과 오만으로 가득 찬 것을 발견하게 되지요. 오스먼드의 딸 팬지에게 이사벨의 옛 구혼자 워버튼 경이 나타나 관심을 보이자 오스먼드와 마담 멀은 이 결혼에 강박적인 집착을 보이며 이사벨에게 이 결혼을 성사시키라고 강요합니다. 이사벨은 팬지와의 대화를 통해, 팬지가 로지에라는 젊은 청년을 사랑한다는 것, 워버튼 경 또한 팬지에게 구혼할 마음이 없다는 것을 확인하게 됩니다. 워버튼 경이 떠나면서 팬지와 그의 결혼이 무산되는데, 이 과정에서 오스먼드와 마담 멀의 실체, 이사벨 자신의 결혼에 얽힌 그들의 음모, 무엇보다 랄프가 자신에게 유산을 나누어주었다는 것을 알게 됩니다. 그리고 모든 것에 눈멀었던 이사벨이 눈을 뜨게 되지요.

이처럼 이 소설은 삶에 대한 열정과 이상으로 가득 찼던 젊은 이사벨이 어떤 부류의 사람들을 만나고 어떤 선택을 하면서 삶을 경험하게 되는지, 어떻게 자신에게, 다른 사람에게 눈 뜨게 되는지를 보여줍니다. 이를 위해 작가는 젊은 영국 귀족을 통해서는 현대 영국 사회에서 갈등하는 귀족 계층의 한 단면을 보여주고, 미국의 젊은 사업가를 통해서는 무한한 팽창을 앞둔 신생국 미국의 힘과 가능성을 보여줍니다. 확실한 생업도 없이 골동품을 모으면서 살아가는 마담 멀과 오스먼드를 통해서는 국외자들의 뿌리 뽑힌 삶을 보여줍니다. 그리고 이들이 모두 나름대로 이사벨의 눈뜸에, 교육에 기여하게 됩니다. 그래서 이 소설은 외형적으로는 젊은 여성의 결혼으로 큰 줄거리를 유지하면서 많은 부분이 국외자의 삶, 예술과 도덕 간의 관계 등에 대한 밀도 있는 관찰과 모색으로 이루어져 있습니다.

그래요. 물론 만만찮은 소설이에요. 그러나 여러분의 싱그러운 에너지와 시간을 쏟아부을 만한 가치가 있어요.

자, 이제 준비되었지요? 시작합시다.

The Portrait of a Lady

# 제1강

『여인의 초상』은 상당히 길어요. 그러나 젊고 매력적인 이사벨의 결혼을 둘러싼 이야기는 한번 몰입하게 되면 끝까지 우리를 사로잡아요. 전부 59장인데, 하루에 4장 정도 나가야 하지요. 주말에 최소한 10장 정도 준비하세요.

소설이 시작되는 장소가 어딘지 보세요. 런던 교외의 오래된 저택, 이 저택에 대한 묘사가 자세하게 나오지요? 19세기 소설에 등장하는 집은 인물들의 흥망성쇠를 반영하는 공간이면서 동시에 인물들의 소설 속에서의 궤적을 결정하는 역할도 합니다. 이렇게 집과 인물 간의 상관관계가 나타나는 소설로는 나다니엘 호손의 『일곱 박공의 집The House of the Seven Gables』이 기억나는군요.

이 저택을 살펴볼까요? 런던에서 40마일쯤 떨어진 템스 강이 내려다보이는 나지막한 언덕 위에 서 있어요. 붉은 벽돌로 지은 이 고색창연한 집은 대단히 유서 깊은 곳이에요. 에드워드 6세 때 건축된 이곳에서 엘리자베스 1세 여왕이 묵고 간 적도 있어요. 크롬웰 전쟁도 겪어냈고 왕정복고 시절에 보수, 증축되었네요. 18세기에 리모델링과 변형을 거쳐 현재의 주인 미국인 은행가의 손으로 들어갔지요. 그는 처음 경매에 나온 이 집을 살 때는 오래되고 불편하고 보기 싫다고 불평했으나, 20여 년을 이곳에서 살아오며 이 집의 미적 가치를 알게 되고, 유명했던 이 집의 소유주들에 대해서도 줄줄이 말할 수 있게 되었지요. 그래요. 우리는 이 집의 주인을 곧 만날 거예요. 그는 영국에서 성공적인 은행가로서의 삶을 마감하고 지금은 은퇴한 미국인 터체트 씨입니다.

조금 더 자세히 보지요. 가든코트garden court라고 불리는 이 아름다운 저택의 정원을 보세요. 주위에는 오래된 참나무와 너도밤나무가 비로드 커튼처럼 진한 그늘을 드리우고 있고, 잔디 위 이곳저곳에는 화려한 색깔의 작은 담요들과 책들과 신문들이 놓여 있군요. 멀리 강이 보이고요. 눈부신 한여름 오후가 천천히 저물고 있고요. 어스름이 본격적으로 내리기 전의 길고 아름다운 오후 5시부터 8시까지, "작은 영원little eternity"이라고 묘사된 이 시간에 인물들은 오후의 차를 마시고 있군요.

이날 이곳에서 우리가 만나는 인물들은 남자들이에요. 이 집 안주인은 보이지 않아요. 잔디에 긴 그림자를 드리우며 등나무 의자에 깊숙이 앉아 있는 노인은 두 손에 커다란 찻잔을 감싸 들고 있어요. 그 옆에는 젊은 두 남성이 이따금씩 시가를 피우고 대화를 나누며 서성거리고요. 노인의 의자 옆 잔디에는 아름다운 스코틀랜드산 콜리 한 마리가 엎드려 주인의 얼굴을 정답게 바라보고 있고, 또 작은 테리어 한 마리는 두 젊은이를 향해 두리번거리고 있군요. 헨리 제임스 특유의 대단히 섬세하고 호흡이 긴 문장들을 따라가다 보면, 어느새 우리는 시공을 초월하여 대저택의 정원으로 들어가 있지요.

여기서 우리는 '그림자'와 '위대한 휴식great rest'이라는 두 단어에 주목하게 됩니다. 여름날 늦은 오후의 고요한, 영원처럼 느껴지는 순간. 그러나 잔디 위에는 노인의 긴 그림자가 드리워져 있어요. 그림자, 영원히 계속될 듯한 이 순간에도 시간은 흐르고 있다는 것을 알려주는 단어. 이 단어는 곧이어 '위대한 휴식'이라는 단어와 만나면서 죽음에 대한 암시를 불러옵니다. 이 찬란한 정원에 죽음의 그림자가 드리우고 있군요. 과연 이곳에서 우리가 만나는 아버지와 아들은 아픈 사람들이지요. 아버지는 성공적인 일생을 마친 뒤 노년의 병을 앓고 있지만, 아들은 한창 나이에 병으로 인해 삶의 현장에서 물러섰지요. 이들에 대해서는 잠시 후에 다시 말하기로 하지요.

무릎을 담요로 싸고 앉아 있는 노인, 예리한 미국인 은행가라고 묘사되는 그의 모습은 호감을 줍니다. 얼굴 생김새는 상당히 미국적인데, "그는 그것을 미국에서 가져왔을 뿐만 아니라 최상의 상태로 보존하고 있다"라는 유머러스한 표현이 눈에 띄는군요. 이는 제임스가 이 소설에서 다루고 있는 외모와 정체성의 문제를 암시합니다. 미국인이 영국에서 30여 년을 살았는데, 성공적인 주류의 삶을 살았는데, 여전히 미국적인 요소를 잘 보존하고 있다, 이는 무엇을 뜻하나요? 그의 본질적인 사람됨은 도덕적인 자세와 상관있다는 것을 보여주고 있는 것이지요.

그래요. 미국인 터체트 씨는 영국에서 성공적인 은행가의 삶을 살았어요. 여전히 미국적인 요소를 잘 보존하고 있어요. 또 그는 경험을 많이 한 사람이면서도 단순함을 지니고 있어요. 경험이 많지만 여전히 순수한 사람. 이는 마치 경험이 많으면 순진하기 어렵다는 소리처럼 들리지요? 경험과 순수는 공존할 수 없다는 소리처럼 들리지요? 그렇다면 경험의 대가로 순수함을 잃는다는 소리군요. 그러나 터체트 씨의 모습은 경험과 순수함이 공존할 수 있다는 것을 보여주는 듯하네요.

그에 대한 설명이 계속됩니다. 그의 삶은 성공적인 삶이었으나 그렇다고 실패가 없었던 것은 아니라고요. 그러나 그 실패 때문에 상처와 앙금이 고여 있는 것 같지는 않다고요. 과연 그의 얼굴은 예리하면서도 유머를 지닌 얼굴이에요. 자신의 병과 아들의 병이라는 현실 앞에서도 삶에 대한 여유를 잃지 않고 있는 그가 앞으로 이사벨의 삶에서 어떤 역할을 하게 될지 궁금합니다.

두 젊은 남성을 만나볼까요? 한 사람은 체격이 좋은 신사인데 전형적인 영국인의 얼굴을 가졌군요. 그에 관한 설명은 간단명료합니다. 35세의 건강하고 잘생기고 매력적인 인물, 고도로 세련된 문명이 길러낸, 누구나 부러워할 만한 인물입니다. 그래요. 이 당시는 미국이 정치적 · 문화적 정체성을 갖추기 시작한 신생국인 데 비해, 대영제국은 오랫동안 세계를 장악해온 문명국이지요. 그는 영국의 귀족 워버튼 경이라고 곧 밝혀집니다. 승마장화를 신고 있는 그는 멀리서 말을 타고 와서 방금 내린 듯해요. 좀 커 보이는 흰 모자를 쓰고 있군요. 희고 잘생긴 손 한쪽에는 흙 묻은 가죽장갑이 쥐어져 있고요.

그는 첫눈에도 호감이 가는 젊은 귀족이에요. 그러나 남부러울 것 없어 보이는 그가 웬일로 조금 뒤에 가면, 삶이 지루하다, 라는 문장과 연결되어 있으니 알 수 없네요. 이 너무나도 건강해 보이고 잘생긴 귀족에게 터체트 씨가 묻지요. "한 번도 몸이 아파본 적이 없지요?" 그러자 젊은 귀족의 친구인 그의 아들이 대답하지요. "그는 삶에 염증이 났어요." 물론 농담 섞인 유쾌한 대화입니다. 그러나 이 귀족에 대해 좀더 알게 되면,

우리는 정점을 지난 영국 사회에서 귀족으로 산다는 것이 단순하지 않다는 것을 감지하게 됩니다.

또 한 사람, 터체트 씨의 아들 랄프를 봅시다. 그에 관한 묘사는 우리를 약간 혼돈스럽게 합니다. 일반적으로 같이 사용될 수 없는 듯한 단어들이 동원되고 있어요. 그는 못생기고, 아파 보이고, 위트 있고, 매력적이다, 이런 식이지요. 서로 모순되는 듯한 이런 단어들의 결합이 왜 우리를 당황하게 할까요? 젊고 아름답다, 못생기고 어리석다, 라는 표현에 익숙해진 우리의 획일화된 인식이 교란되기 때문이 아닐까요? 그러므로 어떤 종류의 단어들을 함께 사용하는가는 단어 배합의 문제만이 아니지요. 그것은 현실 인식과 인간 이해의 문제와 연결되지요. 그래서 랄프를 묘사하는 모순되는 단어들의 배합은 우리의 익숙해진 인식을 흔들고, 젊지만 추할 수도 있고, 못생겼지만 아름다울 수 있는 가능성을 열어주지요. 하여간에 그는 못생기고, 아파 보이고, 위트 있고, 매력적인 인물입니다.

대학원 때 이 소설을 읽으면서 랄프를 좋아했었어요. 못생기고, 헐렁하고, 위트 있는 그를 늘 생각했어요. 물론 그것만이 아니지요. 앞으로 알게 되겠지만, 그가 이사벨을 향해 끝까지 품고 있는 순정한 감정, 사랑, 뭐 이런 것 때문이었겠지요. 물론 유산도 남겨주고. 자, 좀더 보세요.

그는 갈색 벨벳 재킷을 헐렁하게 입고 있어요. 듬성듬성한 콧수염에 구레나룻까지 길렀어요. 이상한 히피 같지요? 팔다리가 엉성하게 연결된 듯 그는 어슬렁거리며 걸어요. 습관인 듯 늘 주머니에 두 손을 넣고 있어요. 어떠세요? 그는 왠지 삶을 멀찍이 떨어져서 바라보는 듯하지 않나요? 목표를 향해 자신 있게 전진하는 젊은이의 모습과는 다르지요? 늘 주머니에 두 손을 넣고 어슬렁거리는 모습, 그 뒤에 숨은 깊은 우수를 우리는 곧 알게 될 것입니다.

이 평화로워 보이는 정원에서 그는 아버지 옆을 지나칠 때마다 관찰하듯 유심히 봅니다. 아버지에 대한 애정이 각별해 보여요. 자, 이어지는 랄프에 대한 묘사들은 그가 단순하지 않은 인물이라는 것을 말해줍니다. 그는 인생의 절정에서 갑자기 서리를 맞은 듯 묘사됩니다.

양 대륙의 핵심, 옥스퍼드와 하버드에서 교육받은 그가 은행에서 일하기 시작했을 때, 그는 앞날이 촉망되는 젊은이였어요. 그러나 감기가 폐렴으로 악화되면서 그는 삶의 모든 활동에서 물러나야 했어요. 두 손을 주머니에 넣은 채 삶을 바라보기만 해야 하는, 그런 상태가 된 것이지요. 자, 능력과 열정과 재능을 겸비한 젊은이가 건강 때문에 갑자기 삶의 중심에서 물러났을 때, 그는 어떤 상태일까요? 이 질문은 그가 이사벨의 출현으로 삶에 대한 새로운 기대를 느끼는 것과 연결될 것입니다.

이렇게 소개된 세 사람 사이에 한동안 이런저런 대화들이 오고 갑니다. 그리고 이들의 대화를 통해서 알게 됩니다. 우리가 궁금했던 것, 이 집의 안주인, 터체트 부인이 미국에서 한 번도 만난 적이 없었던 조카, 그러니까 랄프의 사촌 이사벨을 데리고 곧 돌아온다는 전보가 왔다는 것을 알게 되지요. 그러자 터체트 씨는 삶에 흥미를 느끼지 못하는 듯한 워버튼 경에게, 흥미 있는 여성을 만나 결혼하면 당신도 인생에 관심을 갖게 될 것이오, 라고 말해요. 이런 식으로 자연스럽게 젊은 여성, 흥미 있는 여성, 결혼이라는 단어가 나오고, 이는 곧 이사벨을 등장시킬 준비가 되는 것입니다.

이사벨이 등장하기 전, 가든코트에 모인 세 명의 남성 인물들을 살펴보았습니다. 이제 이사벨 아처가 등장하는 장면을 보지요. 이 젊은 여성은 이 오후의 정원에서 담소하고 있는 세 남성 앞에 문득 나타납니다. 대저택의 정원, '영원'이라고 묘사된 그 시간에 나타난 이사벨은 이렇게 묘사되고 있군요. "검은 드레스를 입은 젊은 여성이 나타났다. 그 여자는 예뻤다." 아주 단순하고 인상적인 등장이에요. 그림자, 영원한 휴식, 아픈 아버지와 아들, 매력적인 젊은 귀족, 이런 단어들이 이어졌던 이 정원에 젊고 아름다운 이사벨의 등장은, 그래요, 청춘의 신선한 기운을 불러오는군요.

이사벨은 세 남성이 자기를 보고 있는 줄도 모르고 있어요. 그녀를 제일 먼저 환영하는 것은 귀여운 강아지네요. 강아지는 이

낯설고 어여쁜 젊은 여성을 향해 꼬리를 흔들며 달려오고, 이사벨은 스스럼없이 몸을 굽혀 두 팔로 강아지를 안아 올립니다.

이 장면 속으로 랄프가 들어오는군요. 그는 주머니에 두 손을 넣은 채 천천히 이사벨에게로 다가옵니다. 두 사람의 첫 대면이 이루어지는 모습을 보세요. 이사벨의 삶에서 결정적인 역할을 할 랄프와의 만남은 강아지에 대한 언급으로 시작됩니다. 그렇지요. 소위 말하는 운명적인 만남이란 의미심장한 곳에서 범상치 않은 방식으로 일어나는 게 아니군요. 그냥 동네 슈퍼마켓 계산대에서 내 뒤에 서 있었다든가, 전철역에서 급히 계단을 오르다가 들고 있던 신문을 떨어뜨리게 된다든가, 이런 식이더군요. 무엇을 의미할까요? 삶은 그런 일상적인 곳에서 시작된다는 소리겠지요?

랄프가 가까이 오자 이사벨이 말합니다. "이 강아지 당신 것인가요?" 이 특별할 것도 없는 질문에 대한 랄프의 대답을 보세요. "조금 전까지는 내 것이었는데, 지금 보니 당신 것인 듯하네요." 이 평범하지 않은 랄프의 대답에 이사벨이 답합니다. "그럼 우리 둘이 함께 가지면 되겠네요."

어떠세요. 탁구공이 통통 튀어 오르는 것 같지요? 갑자기 주위 공기가 팽팽해지는 것 같지요? 둘의 대화에서 우리는 두 사람 모두 평범하지 않다는 인상을 받네요. 그래요. 랄프는 이 순간 이사벨에게 강렬한 인상을 받은 듯해요. 다른 묘사는 생략된 채 이 문장만 나와요. "잠깐 랄프는 이사벨을 쳐다보았다. 그 여자는 예상 외로 예뻤다." 이 간단한 문장으로 우리는 랄프의 마음속에 스쳐갔을 이사벨에 대한 인상을 짐작하게 됩니다.

두 사람의 대화로 이사벨과 랄프에 대해서, 앞으로 두 사람의 관계에 대해서 관심이 생기는군요. 비로소 이 소설에 흥미가 생기는 거지요. 이렇게 예고 없이 등장한 이사벨은 누구이며, 어떻게 이곳에 나타나게 된 것일까요? 간단하게 작가는 랄프와 이사벨의 대화를 통해서 알려주는군요. 앞으로 작가가 인물들의 대화를 통해 중요한 정보를 말하고 있다는 것에 유의합시다.

랄프의 어머니 터체트 부인은 자기 동생, 즉 이사벨의 어머니가 죽은 후, 이사벨의 아버지가 딸들을 키우는 방식을 좋아하지 않았어요. 이로 인해 두 사람은 왕래가 없었군요. 이사벨의 아버지가 일 년 전에 죽자, 그녀는 미국으로 건너가 뉴욕 얼바니에 있는 이사벨을 처음 만난 뒤 이곳으로 데리고 온 것입니다. 그러자 이야기 도중, 랄프가 이사벨에게 말합니다.

"아, 그래서 우리 어머니가 당신을 입양한 거군요." 그의 말은 그러니까 우리 어머니가 보호자가 되어 당신을 책임지려는 거군요, 라는 뜻이었겠지요. 그런데 보세요. 그 말에 대한 이사벨의 반응에 우리는 놀라게 됩니다. 이사벨은 갑자기 정색을 하고 슬프고 단호하게 말해요. "아뇨, 난 입양되고 싶은 마음이 없어요." 랄프는 이사벨의 심각한 반응에 당황하여 사과합니다. 이사벨은 다시 한번 분명하게 말해요. "난 내 자유를 정말 좋아해요." 이 대화로 우리는 알았어요. 이사벨은 자기 의사가 분명하고, 이를 확실하게 밝히는군요. 처음 만난 사촌 랄프에게, 난 내 자유를 좋아한다, 고 단언할 수 있군요.

여기서 우리는 슬그머니 긴장하게 되지 않나요? 19세기는 가부장 질서 속에서 여성들이 소위 가정의 천사 이데올로기를 내면화했던 시기지요. 나의 자유를 좋아해요, 라는 단언은 결혼과 출산, 자녀 양육을 삶의 목표로 받아들이는 당시 여성들의 입장과는 다르지 않나요? 이사벨에게 어떤 기대를 해도 될 것 같군요. 그렇지요?

좀더 이사벨을 관찰해보지요. 무엇보다 강조되는 것은 이사벨의 눈이에요. 그녀는 두 눈을 크게 뜨고 아무것도 놓치지 않으려고 주위의 모든 것을, 사람을, 강아지 두 마리를, 정원을, 나무를, 하늘을 바라봅니다. 자신의 두 눈에 그 모든 것을 담아두려는 듯 말이지요. 그래요. 이사벨의 이런 모습은 세상을 향해 활짝 마음을 열어놓고 자기 앞에 전개되는 생의 순간들을 하나도 놓치지 않으려는 듯 보여요. 사물의 모습, 그림자, 향기, 표정, 그 어느 것도 놓치지 않고 그녀의 눈 속으로 흡수하려는 듯 말이지요. 작가는 이사벨의 삶에 대한 호기심을 이런 식으로 보여주는 것이지요. 이사벨의 이런 특징은 랄프와의 대화에서 다시 한번 강조됩니다.

훨씬 나중에 나오는 이런 장면을 보세요. 랄프는 촛불을 들고 이사벨에게 오래된 저택의 이곳저곳을 보여줍니다. 미술실에 진열된 그림들을 열심히 들여다보는 이사벨을 위해 촛불을 높이 들고 있어요. 그러면서 그는 그림을 들여다보는 이사벨을 바라보지요. 그의 눈에 비친 이사벨은 어떤 모습이었을까요? 그래요. 그때 랄프가 바라본 이사벨의 초상은 어떤 것이었을까요? 두 사람 사이에 중요한 대화가 이어집니다. 이사벨은 말하지요. "이 오래된 집에는 유령도 나오나요? 난 유령을 보고 싶어요." 랄프가 대답합니다. "유령은 당신처럼 젊고 아름다운 사람의 눈에는 보이지 않아요. 고통을 겪은 사람의 눈에만 보여요." 그러면서 덧붙이지요. "난 당신이 평생 유령을 볼 수 없었으면 좋겠어요."

유령에 대한 두 사람의 이 대화를 기억합시다. 고통을 겪어야 비로소 유령을 볼 수 있다는 랄프의 말. 이는 보이지 않는 것을 볼 수 있게 되기 위해서는, 다시 말해 보이지 않는 것을 볼 수 있는 눈을 뜨기 위해서는, 고통이라는 대가를 치러야 한다는 소리지요. 이사벨은 눈을 뜰 수 있을까요? 그래서 유령을 볼 수 있게 될까요? 이 질문을 하면서 이사벨에 대해 좀더 알아보지요.

자, 가든코트로 오기 전에 뉴욕의 얼바니에서 터체트 부인과 처음 만나는 이사벨을 보세요. 터체트 부인은 한눈에 이사벨이 총명하고 개성이 강한 젊은 여성임을 알아보고 마음에 들어 해요. 두 사람의 대화를 들어보세요.

먼저 이사벨의 돈에 대한 태도입니다. 터체트 부인은 고아가 된 이사벨에게 묻지요. "지금 네가 앉아 있는 이 집을 팔면 얼마를 받을 수 있니?" 이사벨은 답해요. "전혀 모르겠는데요." 터체트 부인이 말합니다. "전혀 모르겠다니. 마치 수백만 불의 유산이라도 받은 사람 같구나. 하기야 네 아버지가 너희들을 그런 식으로 키웠으니."

다시 계속되는 대화. 터체트 부인의 말. "이 집을 헐어서 가게를 내고 세를 주면 상당한 돈이 들어오겠는데." 이사벨의 대답. "이 집을 헐어버리면 안 돼요. 전 이 집이 좋아요. 저는 많은 일들이 일어난 곳이 좋아요. 그게 슬픈 일들일지라도 말이죠. 이 집에선 많은 사람들이 죽었고, 바로 그 때문에 이 집은 삶으로 가득 차 있어요." 터체트 부인이 묻지요. 어떤 것이 삶으로 가득 찬 거냐? 이사벨은 대답합니다. "경험으로 가득 찬 거죠. 즉 사람들의 감정과 슬픔으로 가득 찬 거죠." 그렇군요. 이사벨에게 삶이란 사람들의 슬픔과 감정으로 가득 찬 경험이군요.

그래요. 헨리 제임스에게 경험이란, 모험이란, 굉장한 사건들이나 크고 대단한 일들만을 뜻하지 않아요. 그에게 경험이란 우리의 의식이라는 그물을 통과하는 미세한 빛과 먼지와 바람과 같은 것들을 다 포함합니다. 그러니까 감정의 그물에 포착된 크고 작은 느낌들, 생각들을 전부 우리의 경험이라고 말할 수 있는 거죠. 이사벨이 삶이란 슬프고 기쁜 모든 감정들이라고 말하는 것은 작가의 이런 태도를 반영하는 것이지요. 그러므로 이사벨에게 집의 가치란 돈으로 환산되는 것이 아니라 인간이 그 속에서 얼마나 풍요한 정서적 · 심리적인 경험을 했는가에 달려 있는 것이지요. 자, 이 대화로 우리는 이사벨의 현실감에 대해서, 그리고 돈에 대한 무지에 대해서 짐작하게 됩니다.

이사벨의 현실에 대한 태도를 말해주는 예가 또 있어요. 쉽게 말하자면 이래요. 그녀가 방 안에 앉아 있어요. 방문은 닫혀 있어요. 못 열게 되어 있어요. 그런데 이사벨은 그 닫힌 문을 열고 밖을 내다보고 싶지도 않다는 거예요. 왜냐고요? 이사벨은 방 안에 앉아 저 닫힌 창문을 열기만 하면 상상 속의 멋진 길이 있다고 믿는 거지요. 자신의 기분에 따라 그 길은 기쁨의 길이 되기도 하고 공포의 길이 되기도 합니다. 그러나 그 문을 열어보면 그저 일상적인 골목이 있을 뿐이라는 걸 인정해야 하지요. 그래서 그녀는 그 문을 열려고 하지 않아요.

그렇군요. 이사벨은 삶에 대한 호기심과 상상력이 풍부하군요. 그러나 빗장 처진 문을 열면서까지 밖을 내다보고 싶지는 않군요. 현실의 골목이 자기 상상을 허무는 것이 싫으니까요.

이사벨의 삶에 대한 태도가 서로 모순되지요?

이사벨은 두 눈을 크게 뜨고 삶이 줄 수 있는 모든 경험들을, 감정들을 알고 싶어해요. 그러면서도 삶을 이루는 구체적인 요소들에 대해서는 모르는 것 같아요. 알고 싶지도 않은 것 같아요. 이사벨이 돈에 대해서 전혀 아는 것이 없다고 말하는 것, 자신의 환상이 현실에 의해 깨질까봐 문을 열고 싶지 않다는 것, 이사벨의 이런 성향은 어디서 올까요?

이사벨의 성장 배경이 나오는군요. 앞에서도 잠깐 언급되었지만 이사벨의 어머니는 일찍 돌아가셨고 아버지가 딸 셋을 키웠어요. 이사벨의 아버지는 어떤 사람이었고 딸들을 어떻게 키웠나요? 이런 문장을 보세요. "이사벨의 아버지는 삶에 대해 큰 비전을 가진 사람이었다. 그리고 딸들에게 넓은 세상을 보여주고 싶어서 이사벨이 열네 살이 되기 전에 그들을 세 번이나 유럽에 데리고 갔었다."

그래서 이사벨이 기억하는 아버지는 낭만적인 멋쟁이입니다. 삶의 구질 맞은 요소들을 싫어해서 그는 딸들에게 삶의 좋은 면, 화사한 모습만 보여주려고 했어요. 그런 아버지를 이사벨은 자랑스럽게 여깁니다. 아버지가 돌아가신 뒤 사람들이 그를 남의 돈을 갚지 않고, 자식들을 멋대로 키우고 인생을 낭비한 사람이라고 생각한다는 것을 알았어도, 아버지에 대한 이사벨의 사랑에는 변함이 없습니다.

이런 배경을 통해 우리는 짐작하게 됩니다. 이사벨은 부모에게서 소위 19세기 중산층의 가정교육을 받지 않았어요. 가부장 질서 안에서의 여성의 역할, 규범 등을 배우지 않았던 것이지요. 그녀에게 있어서 어머니의 부재는 여성적 가치를 내재화시킬 수 있는 기회의 부재이기도 하지요. 동시에 아버지 자신도 가부장적인 태도로 딸들을 교육시키지 않았어요. 딸들에게 세상을 넓게 보라고 여행을 데리고 다니면서 키웠으니까요. 이 점이 중요한 듯해요. 왜냐하면 아버지가 어머니의 부재를 의식하여 더 철저하게 여성스럽게 키울 수도 있으니까요. 그러나 이사벨의 경우는 인습적이지 않은 아버지의 양육을 받았어요. 이는 그녀가 기존 관습으로부터 자유롭게 성장했다는 것을 보여주지요.

자, 이렇게 성장한 이사벨의 특징은 삶에 대한 열정적인 갈망으로 표현되고 있습니다. 그 여자는 자신 속에 굉장한 삶의 자산을 지니고 있어요. 삶에 대한 에너지로 가득 찬 이사벨은 혁명을 다루는 책을 읽기 좋아하고, 엄청난 군중과 행렬을 보면 가슴이 벅차오릅니다. 그래서 남북전쟁이 계속되는 동안 이사벨은 어린 나이에도 불구하고 맹렬한 설렘과 흥분을 느꼈어요.

보세요. 전쟁과 혁명, 엄청난 군중, 행진, 이런 것을 보고 가슴이 벅차오르고 맥박이 빨라지는 이사벨. 흔히 젊은 남성의 특징으로 알려져 있는 이런 열정을 가진 이사벨은 과연 무슨 일을 할 수 있을까요? 이사벨에게 어떤 기회가 주어질까요? 이런 질문을 하면서 우리는 가든코트에서 시작되는 새로운 이사벨의 삶을 따라갈 것입니다.

*The Portrait of a Lady*

# 제2강

가든코트는 이사벨이 새로운 인생을 시작하기 위한 최고의 장소인 듯합니다. 이곳에서 이사벨은 그녀의 갈망과 열정을 알아보고 인정하는 사람들을 만나게 되니까요.

가든코트에서 두 눈을 크게 뜨고 자기 앞의 삶을 응시하고 있는 이사벨을 보고 있으면, 뭐라고 할까요, 배움의 길에 방금 들어선, 무엇이든 받아들일 준비가 된 열정적인 초심자를 연상하게 됩니다. 또는 맑은 햇빛, 작은 바람에도 섬세하게 반응하는 초봄의 나무를 연상하게 돼요. 이사벨을 아름답다고 묘사하는 것은 이런 이유 때문일 것 같습니다. 눈부신 봄 언덕, 거기 서 있는 연둣빛 나무를 상상해보세요.

이사벨의 삶에 대한 환희와 호기심을 알아본 사람은 그녀의 사촌 랄프입니다. 물론 이사벨을 이곳으로 데리고 온 터체트 부인도, 터체트 씨와 워버튼 경도 이사벨을 알아보지요. 그러나 그녀의 특징은 인생의 절정기에 삶의 현장에서 물러나야 하는 랄프에 의해 가장 통찰력 있게 묘사되고 있습니다.

랄프의 눈에 비친 이사벨을 보세요. 그녀는 "수준 높은 재미를 제공하는, 참으로 열정적인 힘"이라고 표현되고 있군요. 문제는 이런 여성이 인생을 어떻게 살 것인지, 이런 여성이 자기 자신을 가지고 무엇을 할 것인지입니다. 작가는 이 질문을 해놓고 곧이어 덧붙이고 있어요. 이런 질문이 여성들에게 항상 제기되는 것은 아니라고. 왜냐하면 대부분의 여성들은 아무것도 하지 않기 때문이라고. 아니, 아무것도 안 하는 게 아니라, 그들은 우아하게 수동적으로 앉아서 남자가 와서 자기들의 운명을 부여해주기를 기다리기 때문이라고.

여러분, 여성들에 대한 이런 문장을 읽으면 어떤 기분이 드세요? 그 시대에 태어나지 않은 게 천만다행이라는 생각이 듭니까? 또는 아, 편하고 좋았겠다, 라는 생각이 듭니까? 하여간에 이 문장에서 어느 단어가 여러분을 짜증나게 또는 안타깝게 합니까? '우아하게'라는 단어를 보세요. '수동적'이라는 단어 앞에 이 단어가 있는 것과 없는 것의 차이가 느껴집니까?

이 단어가 있음으로써 여성의 수동성은 무관심하게 자신을 방기하는 태도가 아니라 남성을 유인하는 방식이라는 암시가 되지요. 그래서 다소곳한 여성의 수동성이야말로 남성을 부르는 적극적인 전략이 되는 것이지요. 여성에게 부과된 사회적인 코드, 수동성을 전제로 한 뒤, 그 제약 안에서 살 길을 찾아야 하니까, 운신의 폭이 좁은 가운데 남성의 관심을 끌어야 하니까, 교묘해지고 치열해지는 것이지요. 흔히 여성의 단점으로 꼽히는 여성의 수동성이란, 이래서 처음부터 타고나는 것이 아니군요. 시대적 상황에 의해 만들어지는 생존 전략이군요. 그런데 말이지요, 이사벨은 누군가가 와서 자신의 운명을 만들어 주기를 우아하게 앉아 기다리는 것이 아니라, 스스로 자기 운명을 만들어갈 것이라는 인상을 줍니다. 그 여자의 독립성과 열망과 생기…… 이런 요소들이 그런 인상을 주기에 충분해요. 랄프의 이사벨에 대한 관심과 호기심도 여기서 비롯되지요. 랄프의 이사벨에 대한 집중적인 관심은 이사벨이 나타나기 전까지의 그의 상태를 고려한다면 이해가 됩니다.

앞에서 우리는 가든코트의 아름다움 속에서 시한부의 삶을 살고 있는 아버지와 아들이 서로 배려하고 의지하는 모습이 절제된 유머 속에서 묘사된 것을 보았어요. 그래서 아버지가 먼저 돌아가시면, 뒤에 남은 랄프의 삶은 의미 없이 지루해질 테지요. 이사벨이 도착하기 전 어느 때보다 침울한 상태에 있었던 랄프는 이 개성 있는 젊은 여성의 출현으로 갑자기 삶에 대한 새로운 기대를 하게 됩니다.

■■■ 그녀의 생동하는 작고 열정적인 힘은 최고로 아름답다. 그것은 최고의 예술품보다 더 훌륭하다. 그리스의 부조보다, 위대한 티치아노의 그림보다, 고딕 성당보다 더 훌륭하다 (……) 아름다운 건축물의 열쇠가 내 손 안에 쥐어졌고, 나는 걸어 들어가서 찬미하라는 말을 듣는다. 이봐, 넌 지금까지 슬프게도 고마움을 모르고 있었잖아, 이제는 조용히 하고 절대로 불평하지 마. (63)*

그러면서 랄프는 혼자 묻습니다. 저렇게 드문 특징을 가진 이사벨이 그것을 가지고 무엇을 할 것인가. 저렇게 강렬한 힘과 호기심을 가지고 자유를 갈망하는 이 젊은 여성이 자기 앞에 놓인 삶을 어떻게 살 것인가. 그래요. 이 총명한 여성이 자신의 의지와 계획을 가지고 무엇을 하며 살 것인지, 랄프와 함께 우리 역시 궁금해집니다.

우리는 랄프의 눈을 통해 이사벨의 특징을 살펴보았습니다. 이제 이사벨이 가든코트에서 어떤 사람들을 만나는지 보세요. 이곳에서 만나는 사람들을 통해서 그녀는 일종의 교육을 받게 됩니다. 터체트 씨 부부, 영국 귀족 워버튼 경, 랄프, 이들이 모두 이사벨의 교육에 동참하지요. 그리고 결정적인 교육은 나

* 이 책의 인용문은 저자가 번역한 것이다. 사용한 텍스트는 *The Portrait of a Lady* 〈A Norton Critical Edition〉 (W. W. Norton & Company, 1995)이며, 이후 인용 쪽수는 이 책에 의거한 것이다.

중에 만나게 되는 마담 멀과 오스먼드를 통해서 이루어집니다.

그렇지요. 넓은 의미로 이사벨이 보고 듣고 만나는 모든 사람들, 모든 풍경들이 그녀의 교육에 이바지하는 것이에요. 더구나 그 여자는 배우고자 하는 열망으로 가득 차 있어요. 두 눈을 크게 뜨고 자기 앞에 전개되는 이 새로운 삶을 놓치지 않고자 긴장하고 있어요. 이사벨의 교육을 생각할 때, 이사벨이 미국에서 온 젊은 여성이라는 설정은 효과가 있어요. 신생 국가의 젊은이라는 설정은 열정과 호기심은 충만하지만 아직 인생의 경험은 없는 초심자임을 보여주지요. 또한 이사벨을 부모가 없는 상황 속에 둠으로써, 그녀가 규범으로부터 자유롭게 자신의 의지대로 선택을 할 수 있는 요건을 부여하는 것이지요. 이런 특징들은 또한 미국적인 특징이기도 합니다.

하여간에 이사벨이 만나는 사람들은 각각의 위치에서 사회적 · 경제적 위치뿐만 아니라 도덕적 입장에 따라 이사벨을 교육시키지요. 그러나 이사벨이 수동적으로 받아들이기만 하는 것이 아닙니다. 모르는 것을 알고 난 뒤 결정은 스스로 하려고 해요. 좋은 예가 있어요. 워버튼 경이 이사벨에게 관심을 갖기 시작하고 가든코트를 방문한 날, 그와 랄프 그리고 이사벨이 저녁시간을 함께 보냅니다. 손님도 오고 대화도 흥미 있고 무엇보다 젊은 그들인지라 이사벨은 더 늦게까지 그들과 있고 싶어해요. 터체트 부인이 일어날 시간이라고 몇 번 말을 하고서야 이사벨은 자리를 뜨지요. 그때 두 사람의 대화입니다.

■■■ "간섭한다고 기분 상했겠지?"

"그렇지는 않아요. 그러나 놀랐어요. 그리고 이해 못 하겠고요. 거실에 머무는 것이 예의에 어긋나나요?"

"그렇지. 이 나라에서, 점잖은 집안에서는 젊은 여성들이 혼자 밤늦게 신사들과 있지 않아."

"그렇다면 저에게 정말 잘 말씀해주셨어요. 이해할 수는 없지만 알게 되어서 매우 기뻐요.

(……)

"전 정말로 제 자유를 사랑해요. (……) 전 언제나 해서는 안 되는 일이 무엇인지를 알고 싶어요."

"그것들을 하려고?"

"아니요, 알고 난 다음에 제가 선택하려고요." (67)

그래요. 다시 한번 우리는 이사벨의 독립적인 성향을 확인하게 되는군요. 계속합시다. 이사벨은 먼저 터체트 씨를 통해 영국이 계급 사회임을 알게 됩니다. 미국인이면서 영국 주류 사회에서 은행가로서 삼십 년을 보낸, 그러면서도 미국적인 요소를 견지하고 있는 그가 영국 사회의 핵심에 대해 말해주는 것은 당연합니다. 영국 사회가 귀족 계급, 중간 계급, 그리고 하층 계급으로 나뉘어 있다고 하자, 이사벨은 놀라지요. "맙소사, 그렇게 계급이 많나요? 도대체 몇 개나 되나요?" 터체트 씨의 대답. "글쎄, 세어보지 않아서 모르겠는데. 나에게는 두 계층의 사람들만 있을 뿐이지. 내가 신뢰하는 사람들과 신뢰하지 않는 사람들."

내가 좋아하는 사람들이 아니라 신뢰하는 사람들이라고 하는 것에 유의합시다. 신뢰란 일종의 믿음, 다시 말해 도덕적인 성실함을 갖춘 이들을 믿는다는 것이지요? 그가 중요하게 여기는 덕목이 성실함이라는 것을 암시하는군요. 이렇게 시작하여 그는 워버튼 경에 대해서도 말합니다. 그를 통해 알게 되는 워버튼 경의 상황은, 제국에서 시민 사회로 변화하고 있는 영국 사회의 반영이기도 하지요. 워버튼 경에 대한 랄프와 터체트 씨의 의견을 종합하면 이렇습니다. 워버튼 경은 그가 가진 특권들에도 불구하고 자신이 누구인지 모릅니다. 그가 가진 막강한 권력, 지위, 재산, 좋은 성격, 매력 등에도 불구하고 길을 잃은 것처럼 느낀다는 것이지요. 그는 자신을 믿을 수도 없고 다른 어떤 것을 믿을 수도 없어요. 그의 이런 상태는 당시 영국 사회에서의 귀족 계층의 상태이기도 합니다. 그래서 그는 '위기의 시대의 희생자victim of a critical age'로 묘사되고 있군요. 그래요. 자본주의 민주 사회에서 귀족의 정체성에 혼란이 오는 것은 당연하겠지요.

그에 대한 터체트 씨의 의견을 좀더 들어보지요. 워버튼 경은 정치적으로 진보적인 생각을 가지고 과격한 입장을 취하고 있지만 어디까지나 이론에 그치지요. 기득권을 놓치고 싶지는 않고, 정치적으로는 진보적인 입장을 취하려다 보니 자신의 이론에 투철할 수 없는 것이지요. 절박성도 잃게 되고 행동력도 발목을 잡히는 형상이지요. 터체트 씨가 워버튼 경에 대해 말하는 이런 내용을 이사벨은 어떻게 이해할까요? 이사벨은 계급사회란 모든 것이 미리 정해져 있는 사회, 인습적인 사회라고 받아들여요. 그래서 그런 사회를 싫어해요. 삶에서 예상치 못한 것을 기대하는 이사벨에게 계급적이고 인습적인 사회란 예상치 못한 것, 뜻밖의 것을 기대할 수 없는 사회이기 때문이라는 것이지요. 이사벨은 거듭 '우둔한', '어리석은'이라는 단어를 '인습적'이라는 단어 앞에 사용함으로써 인습적인 것에 대한 자신의 혐오감을, 반대 입장을 강조해요. 이를 통해 앞으로 그가 워버튼 경의 청혼을 거절할 것임이 암시되는 것이지요.

워버튼 경에 대한 이런 소개가 있은 뒤 그와 이사벨의 관계가 묘사되는군요. 워버튼 경의 누이동생들이 가든코트에 있는 이사벨을 방문하고, 또 그들의 대저택으로 이사벨을 초대하기도 합니다. 이 과정에서 나타나는 영국 귀족 여성들의 모습은 이사벨의 모습과 대조되는군요. "조용하고 충족된 그 여자들의 두 눈"이라는 묘사가 눈에 띄는군요.

자, 워버튼 경의 저택을 방문했을 때 그와 이사벨이 나누는 대화를 보세요. 그는 말해요. 자기는 이사벨에 대해 안심할 수 없다고, 이사벨과는 안전하게 느낄 수가 없다고. 이해 못 하겠지요? 천하의 워버튼 경이 이제 막 미국에서 건너온 경험 없는 이사벨에게 안심할 수도 없고 두려움을 느끼다니요? 그의 다음 말을 들어보세요.

그가 이사벨에게 안심할 수 없는 이유는 미국에서 온 이 처녀가 뭔지 인생에 대한 신비하고 웅대한 계획을 가진 듯이 보이기 때문이에요. 어떠세요? 랄프가 이사벨에 대해 생각한 것이 떠오르는군요. '생동하는 열정적인 힘…… 그것을 보는 것은 높은 수준의 재미를 줄 것이다.' 보세요. 이 두 남자, 워버튼 경과 랄프가 이사벨에 대해 갖는 생각, 특이하지요? 왜냐하면 그들이 이사벨에게서 받는 인상은 남성들이 젊은 여성들에게서 받는 인상이 아니잖아요. 일반적으로 앞날이 창창하고 야심 찬 젊은 남성들을 묘사할 때 쓰는 말이잖아요. 그렇지요?

워버튼 경은 계속합니다. 이사벨이 웅대한 삶의 계획을 가지고 있는 것처럼 보이는 것은 이사벨의 이해할 수 없는, 만만찮아 보이는 마음 때문이라고 합니다. 자, 랄프가 열정적인 힘이라고 했던 것을 그는 만만찮은 마음이라고 하는군요.

그렇군요. 워버튼 경과 랄프가 이사벨에게 끌리는 것은 이사벨의 여성적인 아름다움 때문이 아니군요. 이사벨은 물론 아름답지만, 인습적으로 뛰어난 미모는 아니라고 하네요. 그녀의 아름다움은 독창적인, 개성적인 강렬한 힘을 가진 듯한 마음에서 나오는 것으로 암시되고 있어요.

워버튼 경과 이사벨의 대화를 통해 나타나는 것은 워버튼 경의 불안정한 모습이에요. 그는 이사벨이 자기들, 영국 귀족들을 판단하고 무시한다고 말하지요. 우리는 워버튼 경이 스스로를 시대의 희생자라고 본다는 터체트 씨의 말을 떠올리게 됩니다. 그래요. 이 매력적이고 부러울 것 없어 보이는 워버튼 경이 자신의 정체성에 대해 혼란을 느끼고 있군요. 이사벨에 대한 그의 불안은 그러니까 자기 불안의 반영이라고나 할까요?

가든코트를 다시 방문해도 되느냐는 그의 질문에 이사벨은 원하시는 대로, 라고 냉정하게 대답하는데, 이때 그 여자의 냉정함은 두려움에서 나온다, 라고 적혀 있군요. 의외지요? 자신만만해 보이는 이사벨의 두려움은 어디서 올까요? 무엇에 대한 두려움일까요? 이제부터 인물들의 내면으로 들어가기 시작하는군요. 헨리 제임스의 인물들에 대한 심리적인 통찰이 본격적으로 시작되겠군요.

워버튼 경은 이사벨에게 구혼하고 이사벨은 이를 거절합니다. 그 과정을 봅시다. 먼저 워버튼 경이 이사벨에게 구혼한 것은 객관적인 판단과 심사숙고의 결과라고 해요. 그는 자신의 행동이 친구들과 지인들에게 놀라움과 불쾌함을 줄 것도 알고 있어요. 그들에게 이사벨은 바다 건너 이상한 나라에서 온 이름 없는 젊은 여성일 뿐이지요. 또한 그는 알고 있어요. 이사벨에게 가문도 돈도 없다는 것을. 무엇보다도 사람들에게 자신의 행동을 정당화시킬 수 있을 정도의 뛰어난 아름다움도 없다는 것을.

그런데 이사벨이 그의 구혼을 거절하는 이유를 보세요. 이사벨에게 워버튼 경은 제도라는 단어와 연결되어 있습니다. 이 젊은 처녀의 혼란스러운 마음속에서 명백한 것은 워버튼 경이 그의 제도 속으로 자기를 끌어들이려 한다는 것이지요. 그런데 이사벨은 자신만의 영역을 소중하게 생각해요. 이런 이유로 이사벨은 워버튼 경이 자신의 자유를 침해한다고 느끼지요. 그와의 결혼은 자신을 삶으로부터 격리시킬 것이라고까지 생각하게 되는 것이지요. 이사벨의 말을 들어보세요.

"나는 삶으로부터, 즉 대부분의 사람들이 알고 고통 받는, 일상적인 기회나 위험으로부터 격리되어서는 행복해질 수가 없어요." 이사벨은 지금 결혼을 무엇이라고 생각하나요? 과연 워버튼 경이 미소 짓지 않을 수 없군요. 이사벨처럼 똑똑하고 만만치 않은 마음을 가진 여성이, 그러나 이렇게 세상 물정을 모를 수 있다는 것이 그에게는 신기하겠지요.

그래서 그는 이사벨을 설득하기 시작합니다. 진지하게 설명해요. "아, 내가 당신을 삶의 기회라던가 위험으로부터 면제시키려는 것이 아닙니다. 나는 전능한 황제가 아니에요. 내가 당신에게 제시하는 것은 삶을 좀더 편안한 방식으로 살 수 있는 기회이지요." 그러나 이사벨은 자신의 입장을 바꾸지 않아요. 주목할 것은 이때 이사벨은 자신이 워버튼 경의 구혼을 거부함으로써 무엇을 잃게 될 것인지 알고 있다는 점입니다. 그와의 결혼이 보장해줄 평화, 친절, 명예, 물질적 소유들, 확실한 안전, 굉장한 특권. 그래요. 이사벨이 워버튼 경의 구혼을 거절하는 것은, 자신의 영역을 지키기 위해 그가 대변하는 제도와 소유, 권력 등을 거부하는 것입니다. 그런데 이사벨은 워버튼 경을 그가 대변하는 것들과 동일시하는 것 같지요? 그가 소유한 것들 때문에 워버튼이라는 개인을 보지 못하는 것 같지요? 그렇다면 아무것도 소유하지 않은 사람이 나타날 경우, 이사벨의 반응은 어떨까요?

자, 이사벨은 워버튼 경의 구혼을 거절하는 자신에게 묻고 있어요. '스무 명의 여성들 중에서 열아홉 명'은 받아들일 이 구혼을 거절한 이사벨, 이렇게 잘난척하는 너는, 도대체 누구냐. 삶에 대한 어떤 견해를, 운명에 대한 어떤 계획을, 행복에 대한 어떤 생각을 가지고 있기에, 그것들이 이 엄청난 기회보다 더 중요하다고 생각하느냐. 너는 이제 더 위대한 무엇인가를 해야만 하는 게 아니냐.

이 젊은 처녀는 자신이 두려워지고 있군요. 또는 자신이 스스로 살아내야 할 삶이 두려워지는 건가요? 그리고 또, 이사벨 속에 있는 독립을 원하는 그 자아는 자신도 모르는 사이에 워버튼 경과 힘겨루기를 하고 있는 것인가요? 그를 거절한 뒤 그 여자가 느끼는 알 수 없는 희열은 그런 감정과 상관있나요? 그래서 이사벨은 자신의 행동이 교만에서 나온 것이 아니기를 바라고, 자신을 너무 자랑스럽게 여겨서도 안 된다고 다짐합니다. 우리는 이사벨의 이런 마음 상태에 주목합니다.

이사벨이 워버튼 경의 구혼을 거절한 것에 대해 터체트 부인도 랄프도 놀랍니다. 그런 구혼을 거절했으니 이사벨이 앞으로 굉장한 어떤 일을 할 것이라고 그들이 기대하는 것은 당연한 듯합니다. 이사벨에 대한 랄프의 감정을 기억하고 있는 우리는 그의 반응이 궁금합니다. 랄프와 이사벨의 대화를 들어보지요. 쉽게 잊을 수 없는 대화입니다.

■■■ "당신이 정말로 워버튼 경을 거부했다면 잘된 일이라고 생각해요. 당신을 위해서가 아니고, [……] 나를 위해서."

"저에게 청혼하시려는 거예요?"

"천만에. 그건 치명적인 일을 저지르는 꼴이지요. 나에게 오믈렛의 재료를 제공하는 식용거위를 죽이는 격이니까. 이건 내가 당신에게 가지고 있는 굉장한 환상에 대해 상징적으로 말하는 겁니다. 다시 말해 난 그런 청혼을 거부한 당신이 앞으로 어떻게 살게 될지

너무 기대돼요." (133)

랄프는 이사벨에게서 예상할 수 없는 삶을 살아낼 수 있는 잠재력을 보는 것이지요. 그래서 기대하는 것이지요. 인습적인 여성에게서는 기대할 수 없는 삶. 생의 바닷가에서 복닥거리는 대신, 이사벨은 바다 깊은 곳으로 또는 푸른 창공으로 힘차게 날아오를 것이라고 믿는 것이지요. 그래요. 날개만 있다면 말이지요. 앞으로 랄프는 이사벨에게 자기 몫의 유산을 나눠줌으로써 그 날개를 달아주려고 합니다. 날개를 달고 비상하는 이사벨을 보는 것, 그것이 좌절된 삶이 그 자신에게 베푸는 호의라고 생각하지요. 이 부분은 나중에 다시 나옵니다.

자, 랄프와 이런 대화를 나누면서, 그가 자기에게 거는 기대를 들으면서 이사벨은 어떨까요? 겁도 나고 부담도 되겠지요. 자신이 선택한 자유를 가지고 굉장한 일을 해야만 한다는 부담. 그래서 이사벨은 대답합니다. "굉장한 어떤 것을 저에게 기대하신다면 당신은 실망할 거예요." 랄프는 답하지요. "그렇게 되면 누구보다 당신 자신이 더 실망할걸요? 당신이 감당하기 어려울 거요."

이사벨은 랄프의 이 말에 진실이 있음을 인정하지 않을 수 없지만, 이 모든 것이 너무 두렵지요. 그래서 이사벨은 갑자기 외칩니다. "아니, 내 자신을 속박하기 싫다는데, 왜 야단들인가요. 난 그저 내 인생을 결혼으로 시작하고 싶지 않아요. 여자가 할 수 있는 다른 일들도 많아요." 아, 이사벨의 이 말을 들으며 우리는 난감해집니다. 이런 말이 오늘날 여러분들에게서 나온다면 설득력이 있지만, 이사벨은 결혼 아닌 대안적 삶을 살기 위해 필요한 조건들을 갖추지 못했어요. 시대적인 제약이기도 하고요. 이사벨을 누구보다 잘 이해하는 랄프가 대답합니다. "당신은 삶을 보고 싶은 거군요."

자, 여기까지 오면서 질문이 생깁니다. 삶을 보고 싶어한다, 는 말이 계속 나오는데, 어떻게 하는 것이 삶을 보는 것인가요? 삶이란 무엇인지, 어떻게 생겼는지, 난 알고 싶어, 내 손으로 만지고 말 거야, 이렇게 물으며 다짐하며 가슴 벅차하던 때, 그게 언제였나요? 그런 때가 있기는 있었나요?

랄프가 다시 덧붙입니다. "당신은 경험의 잔을 마시고 싶은 거군요." 이사벨은 깜짝 놀라 손을 흔들지요. "아뇨, 난 경험의 잔을 마시고 싶지 않아요. 그건 치명적인 것이에요. 그냥 눈으로 보고 싶어요." 랄프가 말합니다. "아, 당신은 눈으로 보고만 싶고 만지고 싶지는 않군요." 그러나 눈으로 보기만 하면서 부딪치지는 않는 것, 그렇게 삶을 살 수 있을지, 앞으로 이사벨 스스로 알아낼 것입니다.

자, 이사벨과 랄프의 대화를 통해서 분명해졌어요. 이사벨이 워버튼 경의 구혼을 거부한 것은 그가 대변하는 제도가 그녀의 자유를 침범할 것이라는 우려 때문이지요. 그렇다면 제도와 계급으로부터 자유로운 미국 청년 굿우드의 구혼은 어떻게 할까요?

이사벨에게 또 한 명의 구혼자가 나타나는데, 미국의 청년 사업가 굿우드입니다. 굿우드의 등장은 미국의 젊은 여성 저널리스트 헨리에타 스텍폴이 이사벨에게 그의 편지와 소식을 전하는 것으로 시작되는군요. 먼저 이 건강하고 호감을 주는 젊은 미국 여성을 만나보는 게 좋겠네요.

헨리에타는 이 소설에서 미국의 신여성을 대표하는 여성 저널리스트로 등장해요. 그녀는 자신의 일을 통해 경제적 · 사회적 정체성을 확립하고 있는, 명실공히 자급자족하는 인물이지요. 그녀의 유럽 기행문은 상당한 인정을 받고 있어요. 그래요. 그녀는 건강하고 낙천적이며 미래지향적인 신생국의 정신을 대변하고 있어요. 넓게 펼쳐지는 신대륙, 신분 제약에서 벗어난 민주주의 국가의 개방성, 자신의 미래를 스스로 개척할 수 있다는 자신감, 이런 것들이 이 여자를 통해 감지됩니다. 동시에 한계도 있는데, 미국적인 단순함으로 사물을 봄으로써 이면에 있는 복합성을 놓치는 것이지요. 그래서 처음 등장할 때 그녀는 미국과 유럽을 순수와 타락이라는 이분법으로 진단하지요. 그러나 소설이 전개될수록, 유럽 문명을 오래 접할수록, 그녀가 사물을 보는 눈은 보다 깊어집니다. 다시 말해 이 여자처럼 확고한 정체성을 가진 경우에는 유럽의 문명과 경험이 그를 성숙시키는 것이지요. 그는 이사벨의 친구로서 고언과 비판을 서슴지 않으면서 끝까지 그의 친구로 남는, 의리 있고 믿을 수 있는 인물로 그려집니다.

자, 이사벨과 굿우드의 만남을 봅시다. 굿우드는 미국의 진취적인 정신을 대변하는 인물로 그려집니다. 하버드 교육을 받은 유능한 청년 실업가로서 사람을 움직이는 능력과 미래의 지도자가 될 수 있는 자질을 가지고 있어요. 영국 귀족에 대응할 만한 신생국의 구혼자이지요. 그러나 우리는 워버튼 경의 구혼을 거절한 이사벨이 굿우드의 구혼을 받아들이리라고는 생각하지 않아요. 보세요.

이사벨은 그에게서 막강한 에너지와 힘을 느끼는데, 그것이 불편합니다. 이사벨은 그가 사람들을 움직일 수 있는 능력을 가진 것을 좋아하지만 자기와의 관계에서는 어떤 위협을 느껴요. 그래서 천리만리 대서양을 건너 찾아온 굿우드에게, 나는 독립을 지키고 싶다, 라고 선언하지요. 그러나 굿우드는 바로 이사벨의 이런 특징 때문에 그녀에게 구혼합니다. 그는 이사벨에게 말하지요. 나는 당신이 날개를 가진 존재임을, 무엇보다 그 날개를 힘차게 사용해야 하는 존재임을 의심한 적이 없다. 그러면서 설득합니다. 결혼 안 한 젊은 여자는 이런저런 제약에 걸려 자유롭지 않다. 결혼을 해야 한다……

보세요. 워버튼 경은 이사벨이 독립적인 정신을 소유했기 때문에, 또 굿우드는 이사벨이 비상할 수 있는 날개를 가진 존재이므로 그녀에게 구혼하는군요.

이에 대한 이사벨의 반응을 보세요. 하 참, 젊음이란 대단한 것이군요. 이런 식의 자신만만함, 어이없는 비장함을 보세요. 이사벨은 말합니다. 나는 아버지도 어머니도 없다, 나는 가난하다, 예쁘지도 않다, 어리지도 않다, 나는 내 생각을 가지고 있다, 고로 나는 인습적일 수 있는 호사를 누릴 여유가 없다. 자, 이런 이사벨의 논리를 어떻게 생각하세요? 이사벨은 자신이 인습적일 수 있는 호사를 누릴 처지가 아니라고 말하는군요. 부모가 안 계시고 가난하기 때문에, 아름답지도 않기 때문에, 독자적으로 삶을 추구해야 한다고 하는군요. 보세요. 규범의 눈으로 볼 때는 고아, 가난, 미모가 아님, 젊지 않음 등의 조건이 여성의 독립을 제한하는 것으로 볼 수 있지 않나요? 그런데 이사벨은 이런 인습적 결격 사유들을 독립 추구의 조건으로 보는군요.

이것이 이사벨의 특징입니다. 이사벨은 세상 속에서 약점으로 여겨질 자신의 상황을 자신의 의지대로 살아갈 수 있는 적극적인 조건으로 역전시키는군요. 이는 미국적인 진취성과 연결되기도 하고 미국의 꿈의 기본 요소이기도 합니다.

자, 예상했던 대로 이사벨은 굿우드의 청혼을 거절합니다.

자신이 결코 쉽게 누구의 희생물이 되지 않을 것임을 강조하면서, 자신의 결혼 소문이 들리더라도 믿지 말라고 당부까지 하면서요. 굿우드는 이사벨이 자신의 독립에 지칠 것을 기대하며 돌아갑니다.

이사벨은 다시 무슨 생각을 할까요? 굿우드가 떠난 뒤 이사벨은 격심한 흥분에 떨고 있어요. 굿우드와의 열띤 대화, 그를 낙심하고 돌아서게 만든 자신에 대한 놀라움과 혼돈 때문이기도 하지요. 그러나 분명하게 이렇게 쓰여 있군요. 그녀의 흥분 상태는 자신의 힘을 행사한 기쁨에서 오는 것이라고. 분명 그것은 승리의 기쁨이라고.

아, 이사벨, 탄식인지 감탄인지 모를 소리가 어디서 들리는 듯합니다. 이사벨은 자신의 힘을 행사하면서 기쁨을 느끼는군요. 막강한 구혼자들을 물리칠 수 있는 자신이 두려우면서도 흥분을 감추지 못하는 자신을 의식하고 있군요. 그렇다면 더욱 묻지 않을 수 없어요. 이사벨은 앞으로 어떤 방식으로 자신의 힘을 행사하고 싶을 것인가요?

생각해봅시다. 두 남자의 구혼을 거절하며 이사벨이 내세우는 이유는 독립, 자유입니다. 그녀는 자기만의 삶을 원합니다. 가정 이데올로기가 원하는 결혼, 현모양처와는 다른 삶, 그 자기만의 삶이 구체적으로 무엇인지는 이사벨 자신도 모릅니다. 그래서 스스로에게 묻지요. 도대체 너는 어떤 삶의 비전, 어떤 행복을 원하는가, 라고.

자, 『자기만의 방A Room of One's Own』에서 버지니아 울프가 주장했던 것을 기억하지요? 여성이 자기의 삶을 살아가기 위해서는 자기만의 공간이 필요하다…… 이는 곧 자기만의 돈이 필요하다는 소리이기도 합니다. 또는 자급자족할 수 있는 능력 내지 실력이 필요하다는 소리예요. 자기만의 삶을 살고 싶은 이사벨에게 친구 헨리에타는 그런 삶의 가능성을 보여주는 듯해요. 그러나 이사벨에게는 헨리에타가 가지고 있는 자기만의 일이 없어요. 자기만의 삶을 열망하는 이사벨. 그러나 그녀에게는 구체적인 수단과 방법이 없어요. 이것이 이사벨의 삶의 비극적인 조건입니다. 이는 자신의 삶을 열망하나, 이를 위한 구체적인 방법과 능력을 갖추지 못한 당시 여성들의 한계이기도 합니다. 그렇다면, 이사벨에게 구체적인 수단이 주어지면, 그것은 가능할까요? 이사벨에게 유산이 주어지는 것은 이 질문을 하기 위해서입니다.

자, 이제 이사벨의 주변에서 구혼자들이 일단 사라지고 잠정적인 소강상태가 오는군요. 이사벨의 이야기가 다음 단계로 넘어가기 위한 준비인 것이지요.

*The Portrait of a Lady*

# 제3강

이해를 돕기 위해 간단하게 줄거리를 얘기하지요. 두 가지 중요한 일이 일어납니다. 하나는 이사벨이 모르는 사이에 그녀에게 엄청난 유산이 주어지게 되는 것이고, 다른 하나는 새로운 인물 마담 멀이 등장하는 것이지요. 이사벨의 결혼과 삶에서 결정적인 역할을 하게 될 마담 멀의 등장으로 유럽에 사는 주변부의 인물들이 나타납니다. 오스먼드도 그런 인물들 중 한 사람이지요. 독자들은 이들을 곧 만나게 될 것입니다. 지금은 마담 멀에 주목합시다. 작가는 마담 멀이 등장하는 시기와 이사벨이 유산을 받게 되는 시기를 일치시킴으로써 마담 멀이 이사벨의 운명에 개입되는 이유가 유산 상속에 있음을 분명하게 보여줍니다.

이사벨과 마담 멀이 처음 만나는 장면을 봅시다. 런던에 갔던 이사벨과 랄프 일행이 터체트 씨가 위독하다는 소식에 급히 가든코트로 돌아옵니다. 피아노 소리를 따라 살롱으로 들어간 이사벨은 피아노를 치고 있는 마담 멀의 모습을 발견하지요.

이사벨은 첫눈에 마담 멀에게 굉장한 호감을 느끼게 되는데, 이는 마담 멀의 세련된 외모 때문이에요. 피아노를 잘 친다고 이사벨이 찬탄의 말을 건네자, 마담 멀은 방해되지 않도록 손끝으로 치고 있다고 불어로 대답하고, 이에 이사벨은, 아 프랑스인이구나, 하면서 더욱 호감을 갖게 됩니다. 당시 미국인들이 유럽 문명에 대해 갖고 있던 선망이 이런 식으로 이사벨에게서도 나타나는 것이지요. 이사벨이 터체트 부인의 조카임을 알게 되자, 마담 멀이, 고향 사람이네, 라고 말하면서 그녀가 미국인임이 밝혀지지만, 이사벨의 마담 멀에 대한 호감은 약해지지 않아요. 오히려 미국인도 저렇게 세련될 수 있다는 사실을 확인하지요.

자, 마담 멀의 정체성이 어떤 식으로 나타나는지 주목하세요. 그녀는 등장하는 순간부터 프랑스 사람인가, 할 정도로 미국적 정체성이 흐려진 인물로 묘사됩니다. "난 당신 이모의 오랜 친구예요. 플로렌스에서 오래 살았고요." 그녀의 모호한 정체성은 터체트 부인이 대화에 합류하면서 더 분명해지는군요.

터체트 부인이 "당신 고향이 어디였죠? 몇 번씩 들었는데 잘 기억하지 못하겠어요." 라고 하자, 마담 멀이 "난 국기의 그늘 아래서 태어났어요." 라고 대답해요. 터체트 부인이 다시 말해요. "마담 멀은 너무 수수께끼를 좋아하는 게 흠이야."

그러자 마담 멀의 대답이 이어집니다. "나는 브루클린의 해군기지에서 태어났어요. 우리 아버지는 미국 해군의 고위관리여서 책임 있는 직책을 맡고 있었지요. 내가 당연히 바다를 사랑할 것 같겠지만 실은 싫어해요. 그래서 미국으로 돌아가지 않는 거예요. 난 육지를 사랑하죠. 중요한 것은 무엇인가를 사랑한다는 것이죠."

마담 멀의 이런 대답을 굳이 길게 소개하는 이유는, 그래요, 여러분이 어떤 인상을 받는지 알고 싶어서예요. 쓸데없이 말을 많이 하네, 그렇게 느끼지 않나요? 고향이 어디냐고 물으면 서울이요, 인천이요, 하는 대신, 나는 옛 조선 왕조의 도읍에서 태어났지요, 라고 대답하고, 묻지도 않았는데, 우리 아버지는 상당히 부자였지요, 이런 식으로 대답하는 경우와 같다고나 할까요? 주목합시다. 이사벨의 삶에서 중대한 역할을 하게 될 마담 멀의 불투명한 정체성은 소설이 진전됨에 따라 그녀의 도덕적인 불순함으로 이어질 것입니다.

마담 멀의 특징은 매끄러운 유연성으로 나타납니다. 마흔 살의, 키가 크고, 밝고, 모난 곳이 전혀 없는 그녀의 모습은 완벽한 균형과 조화를 이루고 있어요. 그녀는 경험에서 우러나오는 확신과 침착함을 가지고 있으면서도 여전히 젊은 분위기를 유지하고 있어요. 이사벨이 이런 마담 멀에게 감탄하게 되는 것은 무엇보다도 마담 멀 스스로 시간과 행동을 관리하는 능력 때문입니다. 마담 멀은 이사벨이 지금까지 알아온 사람들 중에서 가장 뛰어난 자급자족의 능력과 기술을 갖추고 있어요.

좀더 보세요. 마담 멀은 쉬지 않고 무엇인가에 몰두합니다. 책을 읽고 피아노를 치고 그림을 그리고 수를 놓는군요. 그러면서도 필요할 경우, 적절하게 하던 일을 그만둘 줄도 아는군요. 결코 주위 사람들에게 짐이 되거나 불편을 초래하지 않는군요. 과연 그녀는 초대받지 않고도 언제 어디서나 환영받는 최고의 손님입니다.

자, 좋은 손님이 되는 조건은 무엇일까요? 주인에게 부담되지 않으면서 주인을 즐겁게 해줄 줄 아는 것 아닐까요? 주인과 손님, 자칫 방심하면 긴장을 초래할 수 있는 이 관계에서 마담 멀이 환영받는 손님이라는 것은 그가 주인과 손님 관계의 메커니즘을 능숙하게 조종할 줄 안다는, 다시 말해 손님의 조건을 잘 알고 있다는 소리이기도 합니다.

■■■ 마담 멀이 글을 쓰거나 그림을 그리거나 피아노를 치고 있지 않을 때는, 그녀는 대개 쿠션이나 커튼, 벽난로 장식물에 화려한 수를 놓는 멋진 작업에 몰두했다. (……) 한마디로 그 여자는 함께 있으

> 면 너무나 편하고 유익하고 기분 좋은 사람이었다. (……) 그녀의 유일한 결점은 자연스럽지 못하다는 점이었다. (……) 그녀의 천성은 너무 관습화되었고, 그녀의 예각들은 너무 닳았다. 한마디로 그녀는 너무 적응을 잘하고 너무 유익하고 너무 노련하고 너무 완벽했다. (167)

여기서 이사벨의 통찰이 보여주듯, 마담 멀의 지나친 세련됨과 능숙함은 그녀에 대해 석연찮은 의구심을 갖게 합니다. 이 의구심의 실체가 밝혀지는 것은 훨씬 나중의 일이지요.

마담 멀과 이사벨의 친교는 급속도로 진전되어 이사벨 스스로도 놀랄 정도입니다. 이사벨은 누구에게도 보여주지 않았던 자신의 내밀한 이야기를 그녀에게 하고, 마담 멀 또한 이사벨의 순진무구한 솔직함과 생에 대한 열정을 귀하게 여깁니다. 그래서 그녀의 이야기를 들어주고 조언도 하며, 무엇보다 자신에 대해서도 말하지요. "당신은 쉽게 상처입거나 부서지지 않을 거예요. 혹시 삶이 당신을 거칠게 다루는 일이 있다 해도, 당신을 부러뜨리지는 못할 거예요. 아, 난 몇 년 후 당신이 어떻게 변했을지 보고 싶어요."

또 이렇게 말하기도 합니다. "남자를 거부하는 것은 권력의 사용이죠. 그러나 받아들이는 것 또한 권력을 행사하는 거예요. 거부를 위한 거부를 너무 자주 하지는 마세요. 당신은 대단히 아름답고 영리해요." 그녀는 또 돈에 대해서도 언급해요. "당신은 재산에 대해 너무 막연하게 생각하는 것 같아요. 내가 보기에 당신은 돈 걱정은 안 하는 것 같고. 난 당신에게 돈이 좀 있기를 바라지요."

이는 물론 이사벨이 유산을 받기 전의 대화입니다. 두 사람을 보면서 마치 자매 같은 모녀, 또는 노련한 경험자와 기꺼이 배우고자 하는 초심자를 연상하게 됩니다. 그렇군요. 이사벨에게 어머니의 기억은 부재하는 듯하고, 자매들은 이사벨과는 다른 인물들로 그려져 있고, 우리가 보았듯이 이모 터체트 부인과는 마담 멀과 나누는 종류의 대화가 없었지요. 우리는 두 사람이 처음 만났을 때, 서로에게 얼마나 진지했는지 기억할 것입니다.

지금까지 마담 멀에 대해 말했는데, 여전히 마담 멀에 대해 아는 것이 없군요. 이사벨을 통해 마담 멀에 대해 알게 된 것들은 추상적인 것들이군요. 마담 멀은 수수께끼를 좋아하지, 라고 하던 터체트 부인의 말이 떠오르네요. 마담 멀은 누구일까요?

랄프의 말을 들어보지요. 우리는 그가 본의 아니게 세상에서 떨어져 나와 삶을 때로는 냉소적으로 그러나 객관적으로 바라본다는 것을 알고 있어요. 자, 그런 랄프가 마담 멀에 대해 무엇이라고 대답하는지요? 그 역시 마담 멀이 누구인가를 분명하게 말해주지는 못하는군요.

이사벨과 그의 대화를 보세요. "마담 멀은 누구예요?" "내가 아는 가장 영리한 여성이오." "그분은 정말 매력적이에요. 피아노도 정말 잘 치고요." "그 여자는 무엇이든지 아름답게 하오. 그 여자는 완벽하니까."

이렇게 말하는 랄프의 어조는 그러나 뭔가 불확실하지요? 좀 더 들어보세요. "그녀의 남편은 죽었나요?" "그녀 말에 따르면 그런 것 같소." "그는 뭐하는 사람이었나요?" "마담 멀의 남편이었소." "그 여자에게 아이가 있나요?" "없어요."

보세요. 마담 멀에 관한 개인적인 사항들은 이처럼 불확실하군요. 남편이 죽었는지 살았는지조차 확실하지 않아요. 자, 이사벨과 친교를 맺고 있는 우아한 마담 멀의 정체가 이렇게 애매모호하다는 것이 우리에게는 불안하게 느껴집니다.

그렇다면 마담 멀은 어떤 사람일까요? 그녀의 말을 들어보세요. "난 야심이 많았어요. 그러나 지금 나에겐 아무것도, 남편도 아이도 지위도 재산도 아름다움의 흔적도 없어요. 이 나이가 되도록 시간이나 때우려고 피아노를 치고 그림을 그리고 수를 놓고 있으니."

그녀의 말을 들으니 어떤 생각이 듭니까? 이사벨이 마담 멀에 대해 품고 있는 선망에도 불구하고 마담 멀 자신은 행복하지 않아요. 그녀에게서는 깊은 좌절이 느껴져요. 이사벨이 찬탄해 마지않는 그 많은 재주들에 대해서도 냉소적이에요. 그래요. 우리는 그녀에게서 야심은 많았으나 이룬 것이 없다고 생각하는 사람에게서 느껴지는 비통함을 감지합니다. 마담 멀에 대한 이런 요소들을 잘 기억합시다.

이사벨은 마담 멀을 흠모하지만 한 가지 중요한 점에서는 그녀와 의견이 다릅니다. 자아에 대해 두 사람이 어떤 생각을 하고 있는지 보세요. 마담 멀에게 자아란, 자신이 입는 옷, 타는 자동차, 사는 집, 사귀는 친구, 이 모든 것들이 자기 자아의 표현입니다. 그래서 그녀는, 난 사물들을 굉장히 존경해요, 라고 말해요. 이에 대해 이사벨은 정반대의 입장입니다. 그녀는 나 자신 외에 그 어떤 것도 나를 표현할 수 없다고 생각합니다. 자신이 입은 옷, 혹은 자기가 가진 물건들은 자신을 표현하는 것이 아니라 오히려 자신을 제한하고 방해하는 것이라고 믿는 것이지요. 그녀가 워버튼 경의 구혼을 거절한 이유도 그가 가진 모든 것이 그녀의 삶을 제한한다고 생각했기 때문이었지요?

자아에 대한 두 사람의 입장 차이를 요약하자면, 마담 멀이 자아란 물질적이고 세속적인 것과 직결되어 있다는 태도를 보여준다면, 이사벨은 물질적인 것을 넘어서는 그 무엇이 있다고 믿고 있어요. 그것이 미국의 초절주의적인 비전과는 어떤 관계가 있을까요? 그래요. 우리가 잘 알고 있듯이 19세기 미국 문예 부흥기에 널리 퍼졌던 초절주의transcendentalism는 무엇보다 자기 신뢰와 긍정을 강조했어요. 그리고 이는 정치적 정체성을 확보한 미국이 유럽의 전통과 관습 등에서 벗어나 신대륙의 경험을 바탕으로 독자적인 자아를 확보하려는 시대적 상황과 관계있어요. 에머슨이 주창한 '자기 신뢰'는 이래서 신분의 제약과 상관없이 자기 운명을 스스로 만들어가는 미국적인 상황을 반영합니다. 그런 의미에서 소유 및 물질적인 조건을 뛰어넘어 독자적으로 자기 자아를 확립하려는 이사벨의 적극적인 태도는 당시의 정서를 반영하는 것이지요.

이사벨은 터체트 씨에게서 영국이 계급 사회라는 것, 현대 사회에서의 귀족의 딜레마 등에 대해서 알게 되었었지요. 그럼 이사벨은 마담 멀을 통해서는 무엇을 알게 될까요? 마담 멀을 통해서는 유럽의 변방인들, 변두리에 위치한 미국인들의 삶에 대해 알게 됩니다.

마담 멀은 유럽에서 떠도는 미국인들, 중심에 뿌리내리지 못하는 망명객들, 즉 디아스포라diaspora의 삶에 대해 예리하게 통찰하고 있어요. 마담 멀 자신이 바로 변방인이기 때문이지요. 마담 멀의 불행한 듯한, 좌절된 삶의 이유도 주변인이라는 위치와 상관있을 것입니다. 작가가 보여주고자 하는 것도 바로 그 점이지요.

마담 멀의 변방인들에 대한 관찰을 보세요. 그 여자는 그들의 삶을 기생적인 삶이라고 못박으면서 사람은 자기 조국에서 살아야 한다고 강조합니다. 조국을 떠나서는 표면을 기어 다닐 뿐, 땅에 발을 딛고 살 수 없기 때문이라고 하지요. 마담 멀의 말을 더 들어보세요.

■■■ 당신은 자기 나라에서 살아야 해요. 그곳이 어떤 곳이든 당신이 원래 있어야 할 곳은 거기예요. 우리가 훌륭한 미국인들이 못 된다면 우리는 분명히 가련한 유럽인들이에요. 이곳은 우리가 있어야 할 곳이 아니에요. 우리는 땅의 표면을 기어가는 기생적인 존재이고, 우리의 두 발은 땅을 디디고 있지 않아요. (……) 여자는 어디에 살든 제자리가 없는 것 같아요. 어디에 있건 표면에 머물러야 되고, 기어 다녀야 하죠. (171)

그녀에 의하면 유럽의 미국인들은 변두리를 맴돌면서 주인의식도, 그에 따르는 책임과 긴장, 자부심도 없어요. 그러나 여자들이야 어디서 살건 주인이 못 되고, 주변을 기어 다니는 존재라고 말하는군요. 부권 중심 질서 속에서 여성은 늘 타자의 위치에 있다는 것을 말하는 것이지요. 유럽의 미국인들에 대한, 마담 멀의 이와 같은 지적들은 1920년대 유럽에 모여들었던 미국의 작가들을 상기시키는군요. 1차 대전 후 헤밍웨이를 비롯한 예술가들이 파리를 중심으로 모여들었을 때 미국 작가 거트루드 스타인Gertrude Stein이, 당신들은 모두 길을 잃었다, 라고 말했던 것과 같은 것이지요. 전쟁의 후유증 속에서 아무것에도 뿌리 내리지 못하는 작가들의 정신적인 공황 상태를 이렇게 지적했던 것이지요.

자, 마담 멀의 유럽에 사는 미국 변방인들에 대한 이런 통찰은 중요해요. 이는 앞으로 그녀가 이사벨의 신뢰를 배반하고, 변방인의 전형을 보여주는 오스먼드에게 연결시키는 행동을 이해하는 데 중요한 단서를 제공할 것입니다.

마담 멀이 이사벨을 오스먼드와 연결시키기 위한 장치로서 작가는 이사벨을 부자로 만듭니다. 다시 말해 랄프로 하여금 자기 몫의 유산을 이사벨에게 주도록 만들지요. 좀더 봅시다.

랄프가 자기 몫의 유산을 이사벨에게 나눠줄 것을 임종을 앞둔 아버지에게 간청하는 것은 이사벨과 마담 멀의 친교가 깊어가고 있을 때입니다. 그는 왜 이사벨에게 유산을 나눠주고 싶은가요? 이사벨에게 날개를 달아주기 위해서입니다. 즉 그가 이사벨을 부자로 만들고 싶은 이유는 그녀가 돈 때문에 결혼하지 않아도 되고, 그녀의 상상력이 이끄는 대로 살 수 있도록 해주고 싶어서예요. 그가 생각하는 부자란 상상력이 원하는 대로 살 수 있는 능력을 갖춘 이들을 말합니다.

아들의 요청에 아버지가 말합니다. 평생을 노력해서 성공한 그의 말을 들어보세요. "모든 것을 너무 쉽게 만들어주는 것은 비도덕적인 것 같다. 더구나 이사벨이 재산을 노리는 자들의 희생물이 될 수도 있다는 생각은 안 하니?" 이에 대한 랄프의 대답은 준비되어 있군요. 돈 때문에 희생된다 하더라도, 그 위험을 감수하고서라도 이사벨의 돛에 바람을 넣어주고 싶다고요.

자, 이렇게 해서 뜻밖의 유산을 받게 된 이사벨의 반응은 어떤가요? 그것이 랄프의 뜻에 의한 것임을 알 리 없는 이사벨은 그 불편하고 두려운 심경을 그에게 말합니다. 두렵다, 겁난다는 이사벨의 말에 랄프가 말하지요. "만사를 너무 심각하게 생각하지 말아요. 그저 날개를 한껏 펼치고 비상해요." 이사벨이 대답하지요. "난 삶을 너무 의사의 처방대로 살려고 해요. 왜 우리는 병원에 누워 있는 환자처럼 모든 것을 유익한지 아닌지, 끊임없이 생각해야 할까요? 난 왜 이렇게 올바로 행동하지 않을까봐 두려워할까요?" 또 이런 말도 합니다. "막대한 재산은 자유를 뜻하는데, 난 그것이 두려워요. 그건 정말 멋진 건데, 그걸 정말 제대로 써야 하는데. 그렇지 못하면 부끄러운 일이지요. 그래서 계속 생각하고 쉬지 않고 노력해야 하죠."

뜻하지 않은 유산 상속 앞에서 이사벨이 거쳐 가는 이런 감정들을 보며 어떤 생각이 드세요? 이사벨의 돈에 대한 부담감은 그녀의 돈에 대한 무지를 생각할 때 이해할 만합니다. 앞에서 보았듯이, 이사벨은 돈에 대해 현실적인 태도를 전혀 가지고 있지 않았지요. 이는 이사벨 아버지의 양육과도 관계있지만, 당시 중산층 여성들의 상황과도 관계있어요. 가정에서 출산과 양육을 전담하고 있던 여성들은 세상에 나가서 일을 하고, 돈을 벌고, 이를 관리하는 방법을 익힐 기회가 주어지지 않았던 것이지요. 그들에게는 주로 돈을 쓰는 소비자 역할만 주어졌던 거지요.

그래서 자기만의 삶을 살고 싶고 독립과 자유를 원하면서도, 이사벨은 이를 위한 수단으로서의 돈, 예기치 못한 유산 앞에서 당혹해합니다. 이 행운을 올바로 사용하지 않으면 수치라고 여기는 것이지요. 이사벨은, 그래요, 그런 의미에서 청교도 정신을 이어받고 있군요. 도덕적으로 자신에게 엄격하군요. 이사벨의 유산에 대한 이런 태도는 그녀가 오스먼드와 결혼하는 이유와도 연결되고 있으니 주목하기 바랍니다.

거액의 유산 상속이라는, 이사벨에게 일어난 뜻밖의 상황 앞에서 그녀의 친구 헨리에타는 단호합니다. 이사벨의 비현실적인 기질, 그녀의 낭만적인 기질이 막대한 유산으로 더욱 심해질 것이라고 걱정합니다.

이런 상황에서 우리의 관심은 마담 멀의 반응입니다. 터체트 씨가 사망한 뒤 마담 멀이 다시 이 집을 방문했을 때 그 여자의 예민한 촉각은 저택을 감도는 변화, 터체트 씨의 죽음과 이에 따른 유산 상속을 감지하지요. 자기와는 상관없는 줄 알면서도 그녀가 느끼는 것은 남들이 나눠 갖는 유산으로부터 자신은 배제되었다는 박탈감이에요. 그런 상태에서 마담 멀이 터체트 부인으로부터 이사벨이 엄청난 유산을 상속받게 되었다는 소리를 듣는 순간의 충격을 생각해보세요. 그녀는 "막대한 돈"이라고 몇 번이고 반복합니다. 놀라움과 선망을 압축한 말이지요. 그 막대한 돈이 7만 파운드라는 소리에 그녀는 두 손을 꽉 쥐고 가슴에 댄 채 두 눈을 크게 뜨고 친구의 눈을 응시하며 자기도 모르게 낮게 외칩니다. "아, 영리한 것!" 이 말 또한 놀라움과 부러움이 압축된 표현이지요. "그게 무슨 소리예요?" 터체트 부인의 날카로운 질문에 황급히 이성을 되찾은 마담 멀이 우아하게 대답합니다. "노력도 없이 그런 결과를 성취한 것은 당연히 영리한 일이지요."

자, 마담 멀의 반응을 지켜보면서 우리는 불안해지는군요. 마담 멀이 야심가라는 것, 그녀의 욕망은 충족된 적이 없다는 것을 상기하게 됩니다. 또 유산을 상속받기 전에 이사벨과 마담 멀 사이에 형성되었던 친밀한 관계도 상기하게 됩니다. 유산 상속 이후에도 두 사람의 친교는 계속될 것이지만, 이사벨의 유산으로 인해 두 사람의 관계가 어떻게 변할는지요? 마담 멀은 이 새로운 사태 앞에서 이제까지 우리가 모르던 어떤 모습을 드러낼는지요? 마담 멀은 이사벨에게 자기의 오랜 친구라고 하면서 오스먼드를 소개합니다. 그래요. 돈이 개입되면서 마담 멀과 이사벨의 관계는 새로운 양상으로 전개될 것입니다.

*The Portrait of a Lady*

# 제 4 강

잠깐 정리해볼까요? 가든코트에서 머문 짧은 기간 동안 이사벨에게 많은 변화가 일어났군요. 영국 귀족의 청혼과 대서양을 건너온 미국 청년 실업가의 청혼을 거절했고, 마담 멀과의 친교가 시작되었고, 무엇보다 랄프의 뜻에 따라 자신도 모르는 사이 큰 유산을 받게 되었지요.

그래요. 이사벨이 터체트 부인을 따라 뉴욕 얼바니의 집을 떠나 런던 교외의 아름다운 가든코트에 도착했을 때, 그 여자는 온 세상을 자기 눈으로 확인하고 싶었지요. 삶을 보고 싶고 경험하고 싶고, "네 필의 말이 이끄는 수레를 타고 낯선 밤길을 맹렬히 달려가고 싶었지요." 그런데 이사벨이 가든코트를 떠나 본격적으로 삶을 향해 첫발을 내디딘 곳은 역설적이게도 유럽의 변방인으로 살고 있는 미국인들의 사회입니다. 이번 시간에는 이사벨이 마담 멀의 소개로 오스먼드와 만나게 될 것입니다.

이사벨과 함께 우리도 유럽 사회에 떠도는 미국인들의 삶 속으로 들어가 봅시다. 장례식이 끝나고 터체트 부인을 따라 플로렌스로 온 이사벨은 여기서 가든코트의 식구들과는 다른 종류의 미국인들, 사회적 · 경제적으로 주변인 집단과 만납니다.

마담 멀이 이사벨을 처음 만났을 때, 유럽의 미국인들에 대해 냉소적으로 말했던 것을 기억하지요? 그들의 삶이 기생적인 삶이라는 것, 그들에게는 주인의식도, 책임감과 긴장감도 없다는 것 등을 날카롭게 지적했었지요?

자, 이들을 만나보세요. 그들의 디아스포라적인 삶의 양상들을 보세요. 작가는 그들을 통해 변방인으로서의 삶의 불안전성과 거기서 비롯되는 불투명성을 관찰하고 있습니다. 젊고 순진하고 낙천적인 이사벨을 이들 속으로 걸어 들어가게 하고, 오스먼드와 결혼하게 함으로써 이들의 실상을 드러나게 합니다. 좀더 살펴봅시다.

이들 유럽의 미국인들은 매일 무엇을 하면서 시간을 보낼까요? 어디에 집중하여 에너지를 쓸까요? 무엇을 추구하고 무엇을 고민할까요? 그들은 먹고 살 걱정은 없는 듯하므로 생존 경쟁에 쫓기는 일도 없어요. 전문직이나 정규적인 직업을 가지고 있지도 않으니 긴장감이나 활력도 없어요. 가령 중년의 신사 루스 씨를 보세요. 건강하고 사람 좋은 그는 잘 차려입고도 특별히 갈 곳도 없어요. 할 일도 없어요.

그저 유럽의 미국문화원 같은 곳에 가서 자국인들과 한담하고 고국 소식도 듣고 고국에서 온 신문 잡지도 읽어요. 그의 삶에는 노동, 노력, 보람, 이런 단어들이 들어설 자리가 없어요. 몰두하는 순간도 없어요. 그렇다면 그가 유럽에서 오래 살아온 흔적은 무엇인가요? 그래요. 그것은 그의 세련된 매너, 옷차림, 취향 등에 나타나는군요. 그는 최고의 레스토랑에서 유럽인들의 언어로, 완벽한 격식을 갖추어서 식사를 주문하는 방법을 알아요. 그가 식사 주문하는 방식은 너무도 세련되어 유럽인들도 감탄할 정도라고 하는군요.

또 로지에라는 젊은이를 보세요. 이 젊은이 역시 확실한 직업이 없어요. 그렇다고 미국으로 돌아가서 장사를 할 수도 없고 외교관이 될 수도 없다고 하는군요. 그래서 그는 유럽의 이곳저곳을 다니며 크고 작은 예술품들을 수집하는군요. 돈이 많지 않으니 아주 좋은 작품을 구입하지는 못해도, 벼룩시장이나 중고상 같은 곳을 다니면서 운이 좋으면 진품들도 구입한다고 하는군요. 그는 수준 높은 칠기수집가로 알려져 있어요.

옛 유적들과 유물이 도처에 널려 있는 유럽에서 이들 미국인들은 주류 사회에는 진입하지 못하고, 취미 생활을 하면서, 세련된 취향을 갖추면서, 그렇지요, 일종의 수집가가 되는 것이지요. 우리가 앞으로 방문하게 될 마담 멀의 아파트에도, 오스먼드의 아파트에도, 그들이 수집한 그림들, 태피스트리, 실크 등 물건들이 가득 차 있어요. 미국인들 사이에서 오스먼드와 마담 멀의 경우, 어디서 돈이 나오는지 아무도 모르고 얼마 되지 않는 수입으로 살아가는 걸로 알려져 있어요. 우리는 이사벨이 유산을 상속하게 되면서 이 소설에서 인물들을 이해하는 데 돈이 중요한 역할을 한다는 것을 알게 되었어요. 그러므로 마담 멀과 오스먼드에 관해서, 그들의 돈에 관련된 언급에도 주목하도록 합시다.

자, 이래서 이사벨이 플로렌스에서 만나게 되는 미국인들은 마담 멀의 표현을 빌리자면 '비참한wretched' 사람들이고, 오스먼드의 표현을 빌리자면 '우중충한dingy' 사람들이에요. 마담 멀과 오스먼드도 그들 속에 있지만, 그들은 이 집단을 경멸하고 있어요. 이들 스스로가 불행하다는 소리지요. 할 수만 있다면 이 집단에서 벗어나고 싶겠지요. 앞으로 마담 멀이 이사벨에 대해 어떤 계획을 아니 어떤 음모를 꾸미는지, 이런 맥락에서 살펴볼 것이에요.

이사벨이 유산을 상속받게 된 것을 알고 난 후 마담 멀이 당장 취하는 행동을 보세요. 그녀는 오스먼드의 집을 방문합니다. 마담 멀이 오스먼드를 방문했을 때, 두 가지 중요한 사항을 알게 됩니다. 하나는 오스먼드와 그의 어린 딸 팬지를 만나는 것이고, 다른 하나는 마담 멀이 오스먼드에게 이사벨과의 결혼을 강력하게 추천하는 것입니다. 긴장되지요? 이 돌연한 사태의 변화, 마담 멀은 지금 무슨 일을 꾸미는 건가요?

우리가 처음 만나는 오스먼드의 모습을 보세요. 그는 40세이며 짧게 깎은 머리가 눈에 띄는군요. 세련되고 갸름한, 대단히 손질이 잘된 침착한 얼굴도 눈에 띄는군요. 잘 다듬어진 콧수염을 보며, 그가 스타일에 신경 쓰는 신사임을 알 수 있군요. 그는 이날 수녀원에서 돌아온 작고 가냘픈 팬지를 심각하게 바라보며 두 수녀의 말을 듣고 있군요.

주목할 것은 그가 어느 나라 사람인지 분별하기가 어렵다는 지적입니다. 마담 멀의 경우에도 같은 인상을 받았었는데, 오스먼드의 경우도 그렇군요. 그는 딸에게 이탈리아어로 자연스럽게 말하고 때로는 프랑스어로도 말하지만, 그가 그 나라 사람인 것 같지는 않아요. 자, 그에 관한 이런 문장을 보세요. "그는 정교한 금화이긴 하지만, 일반적으로 유통되는 보통 화폐를 나타내는 직인이나 표시는 없는, 특별한 경우를 위해 만들어진 고상하고 복잡한 메달 같았다……" 그렇군요. 대단히 정교하지만 일반적으로 유통되지 않는 메달. 이것이 오스먼드를 설명하는 말이에요. 다시 말해 오스먼드는 정체를 쉽게 알 수 없는 인물이군요. 오스먼드와 마담 멀, 두 사람 모두 세련된 취향과 외모를 가지고 있고 처음 만났을 때, 유럽인인지 미국인인지 구별할 수가 없어요. 불분명한 정체성, 그들의 공통점이군요. 이 공통점은 어디서 오는가, 질문하게 됩니다.

반복하건대, 이런 불투명한 요소가 그들의 도덕적 타락 내지 위선과 연결되어 있다는 것을 우리는 차츰 알게 될 것입니다. 그리고 그것은 헨리 제임스가 미국과 유럽이라는 글로벌한 배경을 바탕으로 탐구하고 있는 실존적 본질 또는 도덕적 진실에 관한 문제이기도 합니다.

자, 팬지를 볼까요? 이사벨이 오스먼드와 결혼하는 과정에서 팬지는 중요한 역할을 합니다. 열다섯 살의 팬지는 첫눈에도 대단히 순종적인 딸이에요. 오스먼드가 정원에 나가 꽃다발을 만들어 수녀들에게 드리라고 하자, 정말로 그래도 돼요? 라고 아버지에게, 수녀들에게 묻고 확인하는군요. 아버지와 수녀들은 팬지에 대한 칭찬을 서로 나눕니다. 흠잡을 데가 없어요. 더 이상 수녀원에서 가르칠 것이 없어요. 마담 멀이 이 집을 방문하는 것은 이때입니다. 마담 멀이 수녀들과 팬지와 인사를 나누는 모습은 그녀가 이들과 잘 알고 지내는 사이임을 말해줍니다. 그렇군요. 마담 멀이 로마에 머무는 동안 수녀원으로 팬지를 만나러 가기도 했군요. 팬지와 마담 멀의 대화를 들어보지요.

"널 만나러 수도원에 여러 번 갔었지. 난 너의 좋은 친구잖니." "마지막 방문하셨을 때가 제일 기억나요. 그때 저에게 수도원에서 나와야 한다고 하셨으니까요." 그러자 오스먼드가 마담 멀에게 "당신이 그런 말을 했나요?" 라고 묻고, 마담 멀이 대답합니다. "기억에 없군요. 팬지를 기쁘게 해줄 말을 했던 것 같아요."

이들의 대화를 들으면서 궁금해지는군요. 오스먼드도 모르는 말을 마담 멀이 팬지에게 할 수 있다면, 그럼, 마담 멀은 팬지와 어떤 관계인가요? 또 오스먼드와 마담 멀은 어떤 관계인가요? 우리의 궁금함에 대답이라도 하듯, 오스먼드는 수녀들에게 말합니다. "이 부인은 우리 집안의 절친한 친구지요. 당신들도 수녀원에서 만났겠지요. 우리는 마담 멀의 판단을 믿습니다. 휴일이 끝나면 내 딸이 당신들에게 돌아갈 것인지를 내가 결정할 텐데, 그때 부인이 도움을 줄 겁니다." 이에 마담 멀이 웃으면서, 자기는 아무것도 결정하지 않는다고, 그러나 오스먼드 양의 친구들은 오스먼드 양이 세상 속에서 사는 것이 어울린다는 걸 기억할 거예요, 라고 말합니다. 이 말을 들으니 마담 멀은 팬지가 더 이상 수녀원에 머무는 것을 원하지 않는 것 같군요.

오스먼드가 수녀들을 배웅하러 간 사이 마담 멀과 팬지의 대화를 들어보세요. 마담 멀은 팬지의 손을 잡고 쳐다보며 묻는군요. "캐서린 수녀님을 그리워할 것 같니?" 그러더니 곧 덧붙입니다. "언젠가 넌, 다른 엄마를 갖게 될 거다." 이에 팬지가 대답하지요. "그럴 필요 없는 것 같아요. 전 수녀원에 30명도

넘는 엄마가 있었거든요." 그러나 마담 멀이 팬지에게 새엄마를 만들어줄 계획을 가지고 이날 오스먼드를 방문했음이 곧 밝혀져요.

마담 멀과 오스먼드의 대화를 들어보지요. 우리가 지금까지 만났던 마담 멀의 모습과 어떻게 다른지 생각해보세요. 오스먼드의 방 안을 둘러보며 마담 멀은 말하지요. "이렇게 완벽한 방은 없어요. 당신의 취향이야말로 감탄할 만한 것이에요." 이에 대한 오스먼드의 대답. "난 감탄할 만한 내 취향이 역겹소." 자, 어디서 이와 비슷한 내용의 말을 들은 듯하지요? 그래요. 마담 멀이 이사벨과 처음 사귈 때, 자신의 재능에 대해서 냉소적으로 했던 말이 있지요. "난 내 다양한 재능을 혐오해요. 여전히 그런 짓을 해야 하는 내 처지도. 그 재능들이 나에게 뭘 가져다주었단 말인가요." 이렇게 말했었지요.

두 사람의 공통점이군요. 그들 두 사람은 자신들이 가진 것 중에서 최상으로 보이는 것들, 재능, 취향, 감식안을 역겨워합니다. 무얼 말해줍니까? 그래요. 마담 멀도 오스먼드도 자신을 혐오하고 있어요. 현재의 자신의 상태를 냉소적으로 봅니다.

그렇다면 그 이유가 무엇인가, 그들은 어떤 사람인가, 원하는 건 무엇인가, 이렇게 물어야겠지요? 우리는 마담 멀의 경우, 그녀의 큰 야심이 좌절된 것에 비통해한다는 것을 알고 있어요. 그렇다면 오스먼드의 경우도 마찬가지인가요?

여기서 오스먼드와 마담 멀의 관계에 대해 잠깐 언급하는 게 필요합니다. 두 사람의 관계는 처음부터 독자에게 알려지지 않아요. 작가는 두 사람의 관계에 대해 서술하는 것이 아니라 그들의 대화를 통해서 독자로 하여금 의구심을 품게 합니다. 줄거리가 진전되면서 작은 장면들, 눈짓들, 제삼자의 대화 등을 통해 그들에 대한 의혹은 점점 커지게 되지요. 독자들은 이 과정에서 두 사람의 관계를 알게 되지만 이사벨은 계속 모르는 상태로 남습니다. 이사벨은 그런 상태에서 오스먼드와 결혼하게 되고, 어느 순간 무심하게, 그러나 이상하게 여기면서 지나쳤던 장면들이 두 사람 관계에 대해 결정적인 단서를 제공합니다. 이런 의미에서 추리 소설적인 요소가 강하다고 할 수 있지요.

계속합시다. 오스먼드의 취향에 대해 말을 꺼낸 마담 멀은 곧이어 오스먼드에게 이사벨과의 결혼을 말하는군요. 오스먼드와 마담 멀의 대화에서 이상한 긴장감이 감지됩니다. 사람들과 있을 때의 마담 멀의 모습은 세련되고 우아한 사회적 모습이지요. 그러나 이날 마담 멀의 모습은 다릅니다. 예의를 차리는 것도 없고, 배려하지도 않아요. 확실한 용건만 말하지요.

마담 멀이 오스먼드에게 이사벨과 결혼하라고 말하는 그 태도는 마치 내키지 않아 하는 사람에게 최고급 컬렉션을 손에 넣으라고 윽박지르는 듯합니다. 쿨한 태도로 말입니다. 팬지에게 새엄마를 만들어주겠다는 것도 암시됩니다. 그런 마담 멀을 보면서 우리는 그 일이 오스먼드만을 위해서도, 팬지만을 위해서도 아니고, 마담 멀 자신과도 직결되어 있다는 느낌을 강하게 받습니다. 왜 마담 멀은 오스먼드와 이사벨의 결혼을 원하는 건가요? 내키지 않아 하는, 그야말로 '게으른' 오스먼드를 마담 멀은 왜 움직이게 하려는 걸까요?

다시 마담 멀에 대해 생각하게 됩니다. 마담 멀 스스로 밝혔듯이 그 여자는 좌절된 야심 때문에 불행하지요. 오스먼드의 결혼을 집요하게 주장하는 마담 멀의 태도는 그녀의 이런 좌절과 상관있을까요? 어떤 방식으로 그 여자는 자신의 좌절을 만회하기 위해 유산을 받은 이사벨을 이용하려는 것일까요? 그녀의 신뢰를 배반할까요?

계속합시다. 마담 멀은 오스먼드에게 마지막으로 사람을 사귄 것이 언제인지 묻고 새로운 사람을 사귀라고 하는군요. 그러나 오스먼드는 지난 몇 년간 아무도 사귀지 않았고, 무엇보다 더 이상 우중충한 인간들을 알고 싶지도 않다고 내뱉는군요. 마담 멀은 다시 말하지요. 이사벨, 그녀는 우중충하지 않다. 아침처럼 환하고 아름답다. 세련되고 관대하며 미국인치고는 집안도 좋다…… 시큰둥하던 오스먼드의 반응을 끌어낸 것은 이사벨이 영리하고 붙임성이 있고 무엇보다 상당한 재산을 가지고 있다는 말입니다. 그처럼 뛰어난 여성이 재산까지 있다는 말에 오스먼드는 대꾸하지요. "그렇다면 그 여자는 (나보다는)

더 좋은 사람을 만나야 하는 게 아니오?"

보세요. 이 말을 할 때의 오스먼드는 자신의 주제 파악을 하고 있지요? 몰염치하게 덤벼드는 사기꾼과는 다른 반응을 보이지요? 그러나 마담 멀은 개의치 않고 가차 없이 말해요. 그건 내 알 바 아니다. 난 그들을 어떻게 이용할 수 있는가에만 관심 있다. 오스먼드가 아처 양이 걱정된다고 하자, 그 말을 관심 있다는 뜻으로 받아들이겠다, 라고 말하며 마담 멀은 퇴장합니다.

자, 지금부터 오스먼드와 이사벨 사이에 진행되는 일들은 마담 멀과 오스먼드 두 사람의 계획에 의해서입니다. 다시 말해 이사벨의 결혼은 마담 멀의 용의주도한 계략에 의해 추진되고, 오스먼드에 의해 실행에 옮겨질 거예요. 그러나 이는 흔한 사기극과는 달라요. 왜 그런지 앞으로 독자가 구별해야지요.

자, 이렇게 해서 오스먼드는 이사벨이 머물고 있는 터체트 부인의 집을 방문하면서 자연스럽게 이사벨과 교제하는군요. 그리고 이사벨을 자기 집으로 초대하지요. 이사벨은 팬지와 오스먼드의 누이동생을 만나고 무엇보다 오스먼드에게 끌리는군요.

오스먼드가 이사벨을 자기 집으로 초대하는 방식을 보세요. 그는 팬지를 언급합니다. "내 딸이 당신을 만나면 정말 기뻐할 것입니다." 마치 이사벨이 딸아이 데리고 혼자 사는 남자를 방문하는 어색함을 없애려는 듯 말이지요.

오스먼드의 집을 이사벨이 처음 방문할 때, 그 집의 외적 인상을 보세요. 오스먼드가 사는 곳은 심각하고 무거운 분위기여서 일단 들어가면 나오기가 어렵고, 다시 나오려면 기운이 있어야 할 것 같다, 라는 묘사. 그 집은 외부인의 접근을 어렵게 하고 금지하는 듯한 인상을 줍니다. 일단 들어가면 나오기가 쉽지 않을 듯합니다. 그래요. 세상과 교류하는 인상을 전혀 주지 않고 불길한 느낌마저 주는 오스먼드의 집을, 화창한 봄날, 이사벨은 방문합니다.

그날 이사벨은 팬지뿐만 아니라 오스먼드의 누이동생 제미니 백작부인도 만납니다. 마담 멀도 물론 와 있습니다. 이제부터 주목할 것은 오스먼드와 이사벨의 대화, 이사벨의 감정들, 오스먼드가 팬지를 전면에 내세우는 방식, 그리고 마담 멀과 제미니 백작부인의 대화 등입니다.

오스먼드가 이사벨을 대하는 태도를 보세요. 그는 이사벨에게 조언을 구하는 듯한, 내밀한 고백을 하는 듯한 태도를 취하는군요. 그는 자신의 삶은 포기와 무관심으로 압축된다고 말합니다. 그런데 그의 포기와 무관심은 천성 때문이 아니고 노력하여 성취한 것이라는 거예요. 그의 설명을 들어보세요. "나는 일찍이 알았어요. 나에게는 재능도 없고 돈도 없고 아무것도 없다는 것을. 물론 내가 되고 싶은 사람이 있기는 해요. 황제나 술탄 또는 교황이 되고 싶어요. 물론 그들이 절대로 될 수 없다는 것을 알아요. 그러나 동시에 그들 아닌, 그들보다 못한 사람이 되고 싶지도 않아요."

여기서 우리는 포기와 무관심에 관한 오스먼드 식의 논리와 만나게 됩니다. 그가 손을 놔버리는 것, 포기하는 것은 욕심이 없어서가 아니군요. 그의 포기란 극단적인 야심과 오만에서 오는군요. 무서운 이기주의와 연결되어 있어요. 그의 이런 특징은 이야기가 진전되면서 분명해집니다. 황제와 교황과 같은 절대 권력자가 되고 싶지만, 그럴 수 없으니 아무것도 되지 않겠다는 남자. 그래서 자신의 야심을 꾹꾹 눌러서 포기 상태로 만든 남자. 그런데 말이지요, 문제는 그런 무서운 세속적인 욕망이 사라질 수 있을까요? 우리는 마담 멀의 좌절된 야심에 대해서도 알고 있어요. 그렇군요. 오스먼드와 마담 멀의 공통점은 좌절된 야심가라는 것이군요.

이날 오스먼드는 유럽 주변인으로서의 자신의 삶을 이사벨에게 감추지 않아요. 이방인으로 살아가는 삶의 공허성, 일회성으로 그치는 사람과의 만남, 아무것에도 절실하게 자신을 투신할 여건이 아니므로—이방인이라는 조건 때문에— 게을러지고 아마추어가 되고 이류가 되는 것 등에 대해서 말합니다. 유럽에 사는 미국인들에 대한 오스먼드의 이런 날카로운 비판은 마담 멀의 비판을 상기시키기도 하는군요.

다시 한번 묻게 됩니다. 마담 멀과 오스먼드, 이 두 사람처럼 예술적인 감식안이 뛰어나고 통찰력 있는 사람들이 스스로를 혐오하는 상태에 빠지게 된 이유가 무엇일까요? 작가는 그 이유를 두 사람의 주변인이라는 신분과 연결시켜 보여주는 것이지요. 유럽에 사는 미국인들, 즉 객지에서 오래 살게 된 망명객들이라는 조건 속에서 보여줍니다. 주변인이라는 신분으로 인해 그들의 야심을 발휘할 수 있는 현장을 박탈당하는 것이지요. 그래요. 뿌리내리지 못하고 떠돌면서 그들에게는 재능과 야심을 실현할 수 있는 공적인 기회가 없어요. 그래서 그들은 자잘한 '물건들'을 수집하며 공허한 삶을 사는 것이지요. 세계 시민을 지향하는 이 글로벌 시대에도 제임스의 인물들은 그래서 여전히 현재성을 띠고 있습니다.

이날 오스먼드의 이야기를 들으며 이사벨은 약간 의아해지지요. 왜 오스먼드는 자랑스러울 것이라고는 없는 주변인으로서의 자신의 삶에 대해 이렇게 솔직하게 말하는가? 우리는 물론 알고 있어요. 오스먼드가 이사벨에게 하는 말과 행동은 고도의 전략이지요. 경험 많은 이 남자는 영리하고 진지하고 순진한 이사벨을 정확하게 파악하고 있어서 자기의 말을 이사벨이 어떻게 받아들일 것인지 알고 있어요.

그래요. 이사벨은 자기 방식으로 오스먼드를 이해하고 그의 말을 해석합니다. 우리는 이사벨이 긍정적이고 낙관적인 것을 알아요. 상상력도 풍부하고요. 과연 이사벨은 오스먼드의 말을 자기 식으로 받아들입니다. 이 부분을 주목합시다. 이사벨은 생각합니다. 이렇게 뛰어난 심미안을 가진 사람이 자신을 이류라고 하는구나, 정말 겸손한 사람이구나, 라고 말이지요. 또 이사벨은 오스먼드의 가난을 '독립 또는 자유'라고 받아들입니다. 그녀의 이런 태도는 이제까지 그녀가 보여준 지위, 소유 등에 대한 태도와 일관성이 있지요. 이사벨은 집과 옷과 소유가 곧 그 사람을 말해준다는 마담 멀의 의견에 동의하지 않으면서 우리의 자아와 소유는 별개라고 생각했었지요. 소유가 독립을 방해한다고 생각했었지요.

계속하지요. 이날 오스먼드는 자신이 수집한 그림들, 태피스트리, 스케치 등을 이사벨에게 보여주고 설명해줍니다. 오스먼드가 제일 잘할 수 있는 일이지요. 수준 높은 그의 설명을 듣고 이사벨은 "엄청난 아름다움과 지식에 압도당했다"고 인정합니다. 뒤따르는 설명에 주목합시다. 이사벨은 자신이 오스먼드에게 총명하게 보이지 않을까봐 긴장해요. 그래서 오스먼드가 그림 설명을 할 때 여자들이 흔히 드러내는 진부한 반응을 보이지 않으려 애쓰지요. 그러면서 두려워합니다. '무식'하게 보일까봐 두려운 것이 아니에요. 자신의 감식안이 천박하게 보일까봐 두려워하지요. 이런 이사벨을 보며 우리는 랄프가 오스먼드에 대해서 나중에 하게 될 말을 떠올립니다. 랄프는 이사벨이 오스먼드에 대해 묻자, 오스먼드가 끔찍하게 싫어하는 것은 천박함이다, 천박함에 대한 혐오, 그것이 그의 전공이다, 오스먼드는 로마가 천박해져서 플로렌스에서 살고 있다, 라고 말하지요.

이날 긴장하고 중압감을 느끼는 이사벨의 모습은 우리가 지금까지 알아온, 거침없이 자기 의견을 말하고 분명하게 반대를 표시하기도 하는 모습이 아니지요. 꾸밈없이 스스로를 내보이는 모습이 아닙니다. 이 점을 기억합시다. 왜냐하면 오스먼드는 이날 이사벨에게 만족했거든요. 오스먼드에게 천박해 보일까봐 긴장했던, 있는 그대로의 자기를 감추었던 그 이사벨을 좋게 생각했던 것이지요.

이날 팬지는 어디 있나요? 우리는 오스먼드가 이사벨을 자기 집에 초대할 때 했던 말을 기억해요. "내 딸이 굉장히 좋아할 거예요." 그러더니 당황한 듯 다시, "당신이 내 딸을 알게 되면 난 정말 기쁠 것이에요." 라고 했었지요. 젊은 처녀에게 어린 딸은 위협적이지도 위험하지도 않으니까요. 그래서 이사벨은 초대를 받아들였고요.

팬지를 보세요. 의자에 앉은 오스먼드는 이사벨에게 이야기하는 동안 팬지를 자신의 무릎 사이에 세우고 두 팔로 허리를 안고 있습니다. 어떤 생각이 드세요? 아버지가 열다섯 살 난 딸을 처음 방문한 젊은 여성이 보는 앞에서 안고 있어요. 그의 행동은 역시 이사벨을 겨냥한 계산된 행동일 거예요.

왜냐하면 이는 이사벨에게 깊은 인상을 남기거든요. 이사벨은 이 장면을 어떤 충족감을 가지고 바라보았다, 라고 묘사되어 있어요. 팬지를 보세요. 팬지는 자신의 의지라고는 없는, 권위에 의존하여 기생하는, 이라고 묘사되고 있어요. 세상의 오염을 피해 수녀원에 보내지고 그곳에서 권위에 순종하도록 교육받았어요. 이런 팬지는 오스먼드의 완벽한 통제력과 권위를 말해주는 일종의 반사경과 같은 인물이지요. 이런 팬지의 모습은 이사벨이 오스먼드와 결혼했을 때 부딪히게 될 오스먼드의 실체, 그리고 이사벨이 겪게 될 고통을 예견할 수 있게 합니다. 그러나 말이지요, 나중에 알게 되겠지만 오스먼드의 권위와 통제력에 균열을 일으키는 인물 또한 이 순종적인 팬지이지요. 이 연약한 여자아이 속에 놀랍게도 확실한 자기중심이 있고 자신이 사랑하는 로지에에 대한 순정이 있습니다. 역설적이게도 작가는 한 인간이 다른 인간을 완벽하게 통제할 수 없다는 것을 팬지를 통해 보여줍니다.

그러나 팬지의 저항은 보다 큰 통제와 갇힘을 불러오는데, 이는 다시 한번 이사벨이 선택한 오스먼드의 실체를 부각시키는 역할을 하지요. 하여간에 이렇게 연약하고 순종적인 딸이 오스먼드의 계획을 무산시키는 역할을 한다는 것이 신기하지요? 그러나 신기한 것이 아니라 당연한 것입니다. 인간에 관한 기본적인 인식을 상기한다면요. 즉 어떤 사람도 다른 사람을 완벽하게 통제할 수 없다는, 인간은 누구를 완벽하게 통제할 수도, 통제당하지도 않는다는, 이 단순한 인식 말입니다.

자, 이날의 방문에서 이사벨은 오스먼드의 여동생 제미니 부인에 대해서도 알게 됩니다. 오스먼드는 대단히 누이동생을 동정하면서, 잘못된 결혼으로 저렇게 부산하고 말이 많지만 착한 사람이다, 그녀의 말을 믿지 않으면 된다, 라고 주의를 줍니다. 마담 멀도 같은 말을 합니다. 제미니 부인을 편들어주고 이해해야 한다고 하면서 단지 그녀의 말을 믿지 않으면 된다, 라고 합니다. 뭔가 이상하지요? 하여간 이날 제미니 부인에 대한 오스먼드와 마담 멀의 태도를 보면서 우리는 아, 이 여자가 앞으로 어떤 역할을 하겠구나, 생각하게 됩니다.

그 생각은 곧 확신으로 변합니다. 집안에서 오스먼드가 예술품들을 이사벨에게 설명해주는 동안, 강이 내려다보이는 향기로운 정원에서는 마담 멀과 제미니 부인이 긴장된 대화를 나누고 있어요. 무엇보다 제미니 부인은 마담 멀과 오스먼드의 음모를 알아차리고 있어요. 이사벨이 첫눈에 마음에 든 그녀는 두 사람의 음모를 알려주려고 싶어합니다. 제미니 부인이 마담 멀에게, 당신들은 정말 위험하다, 둘이 만나면 화학 작용을 일으켜 범죄도 저지를 것 같다, 고 말하며 이사벨에게 경고하겠다고 하지만 마담 멀은 미소 지으며 낮게 말합니다. 당신의 말을 이사벨은 믿지 않을 것이라고. 두 사람이 나누는 대화를 들어보세요.

■■■ "이사벨이 오스먼드를 거절하기 바라요. 그래야 그가 좀 기가 죽을 테니."

"우린 그가 아주 영리한 사람이라는 걸 잊어서는 안 되지요."

"당신이 전에도 그렇게 말하는 걸 들었어요. 그러나 그가 지금까지 뭘 해놨는지 모르겠는걸요."

"그가 무엇을 했느냐구요? 그는 해서는 안 될 일을 결코 하지 않았지요. 그리고 그는 기다리는 법을 터득했지요."

"아처 양의 돈을 기다리는 일? 돈이 얼마나 있는데 그러죠?"

"내 말뜻은 그게 아녜요." 마담 멀은 말했다. "아처 양은 7만 파운드를 가지고 있어요."

"그녀가 저렇게 매력적인 것은 유감이네요." 백작부인이 외쳤다. "희생당할 거라면 저렇게 매력적이지 않아도 되는데. 뛰어날 필요가 없는데."

"그녀가 뛰어나지 않으면, 당신 오빠가 쳐다보지도 않을걸요. 그는 최고를 가져야만 해요."

"맞아요. 그를 만족시키기는 대단히 어려워요. 그래서 난 그녀가 불행해질까봐 두려워요." 백작부인이 대답했다. (233)

이렇게 이사벨을 향한 마담 멀과 오스먼드의 계획은 명확해지지만, 이사벨에게 이날 오스먼드의 집을 방문한 것은 깊은 인상을 남깁니다. 이사벨은 하나의 이미지, 중년의 세련되고 고독한 아버지가 어린 딸의 손을 잡고 있는 이미지를 안고 돌아옵니다. 조용하고 총명하고 예민하며 뛰어난 남자, 강이 내려다보이는 언덕, 이끼 낀 테라스를 어린 딸의 손을 잡고 거닐고 있다…… 종소리처럼 맑은 여자아이는 유년 시절의 우아함을 보여주고…… 이런 식의 묘사는 이날의 이사벨의 상태를 반영하는 것이지요.

그래요. 이날 오스먼드는 이사벨에게 주변인으로서 자신의 외로운 삶에 대해 말했어요. 예술품으로 장식된 집을 보여주면서 자신은 모든 것을 포기하고 산다고 말했어요. 이것을 이사벨은 자기 식으로 해석하고 받아들이지 않나요? 예술적인 취향이 뛰어나고 고상한 남자가 어린 딸과 조용하게 사는 모습, 그야말로 외로운 예술가의 아름다운 삶이라고 생각하고 있지 않나요? 오스먼드의 연출은 성공했다고 말할 수 있겠습니다.

이날의 만남에서 오스먼드는 이사벨에 대해 확신하게 됩니다. 그러면서 마담 멀에게 이사벨에 대해 중요한 말을 해요. 이사벨의 결점이라면 너무 많은 아이디어를 가지고 있는 것이다. 그러나 다행스럽게도 나쁜 아이디어들이다. 왜 다행스러운가, 이유를 묻는 마담 멀에게 그는 대답하지요. 그것들은 희생되어져야 하니까. 보세요. 이사벨과 결혼할 경우 오스먼드는 이사벨을 자기 식으로 길들일 것입니다. 그가 말하는, 그녀의 나쁜 아이디어들을 무시하거나 없애겠지요. 그의 딸 팬지의 기생적인 수동성을 생각하면 그의 이 말이 예사롭지 않습니다. 마담 멀조차도 이 말을 듣고, 자신이 무슨 짓을 했는지 두려워하며 물러서려고 합니다. 그러나 오스먼드의 말대로 너무 늦었지요. 이제부터 마담 멀의 개입 없이 오스먼드는 스스로 움직일 것입니다.

*The Portrait of a Lady*

# 제5강

우리가 오스먼드와 이사벨을 다시 만나는 것은 로마에서입니다. 랄프와 이사벨, 헨리에타와 그녀의 영국인 친구 벤틀리 씨가 함께 로마의 유적지를 둘러보게 되고, 오스먼드가 플로렌스에서 이사벨을 만나러 옵니다. 그리고 워버튼 경이 여행 중 로마의 유적지를 둘러보다가 이들 일행을 만나 합류하게 되지요. 여기서 두 가지 사실에 유의하게 됩니다. 먼저 오스먼드와 이사벨이 다시 만난 장소가 로마의 유적지라는 것, 워버튼 경의 우연한 등장이 이사벨과 오스먼드의 관계 진전에 촉매 역할을 한다는 것이지요.

자, 오월의 로마는 오스먼드가 이사벨과 만나기에는 최적의 장소이지요. 고도의 취향을 가진 수집가 오스먼드의 재능이 빛을 발할 수 있는 곳이지요. 더구나 그는 치밀한 계산 아래 행동하고 있지 않습니까? 또한 미국 얼바니에서 유럽에 온 이사벨은 예술과 인생을 받아들일 준비가 되어 있는 상태입니다. 거기다가 이제는 유산 상속으로 날개까지 달았지요. 그런 이사벨에게 오스먼드는 인류 문화의 정수를 안고 있는 로마의 안내자로서는 적임자입니다.

로마에서 두 사람의 관계는 어떻게 발전해갈까요? 미술품에 대해 설명해주고 알려주는 오스먼드와 설명을 듣고 배우게 되는 이사벨의 관계는 동등하지 않겠지요. 거기에 두 사람의 나이, 경험의 차이도 있어요. 그러므로 오스먼드와 함께 있는 이사벨은 젊은 워버튼 경이나 굿우드와 함께 있을 때처럼 독립적인 모습은 아닙니다. 우리는 오스먼드의 집을 방문했을 때의 이사벨의 상태를 알고 있어요. 오스먼드에게 천박하게 보일까봐 긴장했었지요. 영리한 오스먼드가 이를 꿰뚫고 있으며 이사벨과 만났을 때 자신의 의도대로 이끌어가는 것은 당연합니다. 여기서 워버튼 경이 다시 등장합니다. 워버튼 경은 이사벨의 거절에 상심하여 그리스, 터키 등을 여행한 뒤 귀국길에 로마의 박물관에 들렀다가 이들을 만났던 것이지요. 그가 이사벨과 함께 있는 오스먼드에게 관심을 갖는 것은 당연합니다.

랄프와 워버튼 경이 오스먼드에 관해 나누는 대화를 들어봅시다. 워버튼 경이 묻는군요.

■■■ "아처 양과 이야기하고 있는 저 사람은 누구지요?"

"길버트 오스먼드. 플로렌스에 살아요."

"그 외에 또, 그는 뭐하는 사람이지요?"

"그게 전부요. 아, 미국인인데 전혀 미국인같지 않아."

"아처 양이 그를 안 지 오래되었나요?"

"3, 4주쯤."

(……)

"그를 좋아하게 될까?"

"우리가 가만히 있으면."

"그럼, 무덤처럼 가만히 있어야겠군."

(……)

"그는 굉장히 영리한가요?"

"굉장히." (253)

이 두 남자의 짤막한 질문과 대답에는 이들이 겉으로 말하지 않으면서도 공통으로 두려워하는 점이 나타나 있어요. 오스먼드와 이사벨의 관계. 그리고 오스먼드가 무시무시하게 영리하다는 것. 이것이 안고 있는 위험을 두 사람은 알고 있는 것이지요.

반면, 오스먼드가 워버튼 경에 대해 가지고 있는 호기심을 보세요. "저 사람은 누구지요?" 이에 헨리에타가 말하지요.

"영국 땅의 절반을 소유한 사람이에요." 그러자 오스먼드는 외칩니다. "아, 굉장한 재산가인가 보군. 얼마나 행복한 사람인가." 이런, 세상에 초연한 듯한, 무관심하게 사는 듯한 남자의 말처럼 들리지 않는군요. 오히려 너무 부러워서, 질투가 나서 참을 수 없는 듯한 말로 들려요. 과연 이사벨이 말하는군요. "이상하군요. 당신은 언제나 다른 사람을 부러워하는 것 같아요. 어제는 교황을 부러워하더니 오늘은 가엾은 워버튼 경을 부러워하는군요." 우리는 이 말에 유의하게 됩니다. 경험은 없으나 총명한 이사벨의 통찰력이 정곡을 찌르기 때문이지요. 오스먼드는 실제로 워버튼 경의 세속적인 소유를 너무도 선망하니까요. 그러나 이사벨의 말에 영리한 오스먼드는 곧 대꾸합니다. "내 질투는 위험하지 않아요. 쥐새끼 한 마리도 다치게 하지 못하니까. 난 사람들을 파괴하고 싶지 않아요. 난 단지 그들이 '되고' 싶은 거지요. 그러니 나의 질투는 오직 나를 파괴할 뿐이지요."

어떤 단어들이 눈에 들어옵니까? 그렇지요. 그의 말을 들으니 질투와 파괴가 연결되고 있군요. 질투는 파괴력을 가진 위험한 것이군요. 그런데 그가 자신의 질투가 위험하지 않다고 하는 이유를 보세요. 다른 사람을 질투하지만 그들을 파괴하고 싶지는 않다. 그러니 내 질투는 나를 파괴할 뿐이다. 물론 그의 말대로 교황이 되고 싶지만, 교황을 해칠 마음은 없는 것이지요. 왜냐하면 그는 무력하니까. 자신이 질투한들 교황은 난공불락의 위치에 있어요. 마찬가지로 워버튼 경의 경우에도 오스먼드가 질투하든 말든, 그의 모든 지위와 재산과 소유는 난공불락입니다.

그러나 오스먼드의 마음속의 질투가 어디 가겠어요? 그가 자신을 혐오하고, 자신과 같은 위치에 있는 사람들을 경멸하는 이유가 여기 있어요. 마담 멀도 같은 요소를 가지고 있었지요. 너무나 많은 야심, 그 좌절로 인해 그 여자 또한 자신을 혐오하지요. 이들은 불행감을 어떤 방식으로든 보상받으려 합니다. 이런 두 사람이 지금 막대한 유산을 상속받은 이사벨을 점찍어 놓은 것이지요.

이사벨이 이 잘생긴 영국 귀족의 구혼을 거절했다는 사실을 알게 된 것은 오스먼드의 자만심을 한껏 높여주는군요. 그의 눈에 이사벨의 가치를 더욱 확실하게 합니다. 진품 수집가로서의 오스먼드의 심미안이 빛을 발하는 것이지요. 영국 귀족의 구혼을 거절한 이사벨의 마음을 얻게 되었다고 확신하자 오스먼드는 하늘을 오를 듯이 의기양양해지고 행복해집니다. 그는 이것을 성공의 느낌이라고 말하네요. "오스먼드에게 성공이 아주 없었던 것은 아니지만, 그것은 너무 오래전의 것이거나 보잘것없는 것이었다. 그의 지금의 성공은 예상했던 것보다 수월한데 이는 그가 어느 때보다도 전력을 다해 노력했기 때문이다."

자, 이 문장을 읽고 무슨 생각을 할 수 있는지요? 그는 왜 이제껏 그런 노력을 해본 적이 없을까요? 우리는 교황이나 황제가 되고 싶을 만큼 큰 그의 야심도 알고 있고, 그의 교만과 게으름도 알고 있습니다. 그런데 그가 어느 때보다도 맹렬하게 노력했다는 것은 이사벨이 그만큼 가치 있는 수집품이라는 소리입니다. 동시에 이사벨만한 수집품이 등장한 적도 없을 만큼, 그의 삶이 뜨내기였다는 소리이기도 하지요. 그의 말대로 우중충한 변두리 인생이었다는 것을 보여주는 것이지요.

우리는 워버튼 경의 등장을 계기로 더욱 분명해진 오스먼드의 실체를 봅니다. 천박한 것에 대한 극도의 혐오증을 가지고 있는, 세련과 스타일을 전문으로 삼는 이 딜레탕트. 오스먼드는 영국 귀족으로 태어나지 않은 자신의 운명을 결코 용서하지 못하지만, 이제 회심의 미소를 짓지 않을 수가 없어요. 이사벨, 그 여자가 워버튼 경을 거절했다는 사실, 이는 이사벨이 그의 최상의 수집품이 되기 위한 필수적인 조건입니다. 이렇게 하여 이사벨을 중심으로 오스먼드와 워버튼 경은 연결되었군요. 나중에 이 연결이 어떤 식으로 계속 이어지는지 우리는 알게 될 것입니다.

자, 오스먼드와 이사벨에게 결정적인 순간이 어떻게 오는지 봅시다. 로마에서의 일정을 마치고 이사벨은 플로렌스로 돌아갔다가 본격적으로 세상 구경을 하러 나설 것입니다. 이사벨이 로마를 떠나기 전날 오스먼드가 이 기회를 붙드는 것을 보세요.

이날 이사벨과 오스먼드가 나누는 대화에서 눈에 띄는 것은 이사벨이 계속 오스먼드에게 미안해하는 태도입니다. 예술에 대해 오스먼드처럼 잘 아는 사람은 돈이 없어서 더 좋은 것을 보러 여행할 수 없는데, 아무것도 모르는 자신은 돈이 있다는 이유로 세계를 돌아다닐 수 있다는 것에 대해, 이사벨은 공정하지 못하다고 느끼지요.

또한 두 사람의 대화에 계속 돈이 언급됩니다. 자기는 돈이 있어 일본에 갈 수 있고, 칠기를 보기 위해 일본에 갈 수만 있다면 손가락이라도 주겠다는 오스먼드는 돈이 없고…… 이사벨이 세계일주를 앞두고 오스먼드와 이야기하면서 불편해하는 것은 그 돈이 자기가 땀 흘려 번 돈이 아니라는 자의식과 상관 있을까요?

우리는 이사벨이 청교도적 도덕이 지배하는 미국의 딸이라는 것을 알고 있어요. 예쁜 그림을 모으거나 고급 레스토랑에나 다니며 소일하는 미국 망명객들을 보며, 이 모든 게 다 무엇을 위한 것이냐, 라고 반문하는 이사벨이지요. 유산을 받은 직후 랄프와의 대화에서도 유산으로 받은 돈에 대한 부담감을 나타냈었지요. 그 돈을 보람되게 써야 한다는 두려움도 있었지요.

주목합시다. 이사벨은 계속 비슷한 질문을 함으로써 오스먼드라는 예술과 인생의 연장자로부터 자신의 여행을, 인생을 확인받고 싶어하는 것 같은 인상을 줍니다. 오스먼드는 이런 이사벨의 심정을 꿰뚫어보는 듯하고요. 그는 전폭적인 지지와 격려의 말을 하는군요. 어디든지 가세요. 무엇이든지 하세요. 삶에서 모든 것을 다 취하세요. 행복하세요. 승리자가 되세요. 오스먼드의 말은, 그래요, 이제 출발하는 열정적인 초심자를 격려하는 멘토의 말처럼 들리지요? 오직 이사벨의 행복만을 기원하는 듯하지요?

자, 자신의 미래를 아낌없이 축복해주는 듯한 오스먼드와의, 마지막이 될지도 모르는 작별을 앞에 두고 있는, 그래서 눈시울이 뜨거워지는 이사벨을 상상해보세요. 분명한 것은 이사벨은 이때까지도 오스먼드를 결혼과 연결시키지 않았어요. 그러나 오스먼드는 결혼을 전제로 최대로 노력해왔어요. 그 오스먼드가 이사벨의 무방비한, 다분히 감상적인 이 순간을 놓칠 리가 없지요.

그가 사랑을 고백하는 방식을 보세요. 그는 떨리는 목소리로 확실하게 고백합니다. 아무것도 요구하지 않아요. 이사벨이 그의 사랑을 받아들일 것이라는 일말의 기대도 없다는 태도를 취해요. 자신은 이사벨에게 줄 것이 아무것도 없기 때문이라고 말해요. "나는 아무것도 없소. 재산도 지위도 명예도 없소. 단지 당신을 사랑할 뿐이오. 내가 당신에게 이 말을 하는 이유는, 언젠가 당신이 이 사실을 기억해내고 행복해지기를 바라기 때문이오. 당신을 사랑하는 것이 나 자신을 기쁘게 하는 것처럼 말이오.”

자, 오스먼드는 자신의 아무것도 아닌 상태를 정직하게 말하지요? 왜 그가 정직한지, 무엇을 위해 정직한지, 이유가 중요하겠지요. 오스먼드는 재산과 지위와 명예를 갖춘 영국 귀족도 이사벨에게 안 통한다는 것을 알고 있어요. 그러므로 나는 아무것도 없다, 라는 자기의 말이 이사벨에게는, 나는 더 고귀한 것들을 가지고 있다, 라는 뜻으로 전달된다는 것을 알고 있는 듯해요. 그래요. 그는 이사벨이 그렇게 받아들일 것을 알고 있어요. 이사벨은 그렇게 그의 말을 받아들이니까요.

오스먼드로부터 당신을 정말로 사랑한다, 라는 말을 들었을 때의 이사벨을 보세요. 그녀는 자기의 깊은 곳에 진정한 열정이 축적되어 있는 것처럼 느껴요. 은행에 굉장히 많은 돈이 저축되어 있는 것처럼, 그걸 사용해야만 할 것 같은 두려움을 느껴요.

보세요. 여기서도 이사벨 속에 잠재되어 있는 건드려지지 않은 감정을 은행에 저축된 막대한 돈에 비유하고 있고, 이사벨은 그 돈을 써야만 된다고 느끼는군요. 자, 이사벨이 앞으로 오스먼드와 결혼하게 될 것이라는 암시는 이렇게 나타나고 있습니다. 그리고 오스먼드가 인습이나 규범에 관한 자신의 입장을 밝히는 것도 결혼에 대한 암시가 나타나는 이때입니다. 이사벨이 "당신은 인습적인가요?" 라고 묻자, "아니요, 난 인습적이지 않소. 난 인습 그 자체요." 라고 하는군요. 이 말을 명심합시다. 오스먼드는 자신을 인습 자체라고 분명하게 말하고 있어요. 후에 그가 인습의 노예임이 밝혀지면서 이 말의 뜻이 분명해지지요.

이렇게 사랑을 고백한 뒤 헤어지면서 치밀한 오스먼드가 마지막 한마디를 던지는군요. "플로렌스에 돌아가거든 혼자 있는 내 딸 팬지를 방문해주겠소? 그리고 불쌍한 아빠를 사랑하라고 말해주시오." 이보다 더 확실한 미끼는 없는 듯합니다. 여러분, 왜 한숨을 쉽니까? 이사벨의 상태를 좀더 살펴봅시다.

오스먼드가 팬지를 방문하겠다는 이사벨의 약속을 받아내고 떠난 뒤, 혼자 남은 그녀는 대단히 흥분되고 혼란스러운 감정에 빠집니다. 이사벨의 이 혼돈 상태는 아주 깊고 조용하고, 지금까지 경험해보지 않은 불가해한 상태, 어두컴컴하고 불확실하고 수상한, 겨울 해질녘의 황무지와 같은 공간에 비유되고 있어요. 그리고 이사벨이 그 공간을 가로질러 갈 것이라는 암시가 있어요. 오스먼드의 어떤 요소가 이사벨의 이 깊은 무의식을 건드린 것일까요? 워버튼 경도 굿우드도 건드리지 못했던 이사벨의 그 무의식의 실체는 무엇일까요? 이 질문은 소설이 끝난 뒤에도 계속 우리에게 남을 것이에요.

이런 질문을 하면서 플로렌스에 돌아온 이사벨을 따라 팬지를 방문합시다. 다시 확인되는 것은 아버지의 지시에 절대 복종하는 팬지의 모습이고, 또 팬지가 이사벨에게 돈 이야기를 하는 것이지요.

■■■ "아빠는 부자가 아니에요. 아빠가 나 때문에 돈을 많이 쓰는 것이 너무 미안해요. 난 그만한 가치가 없거든요. 아빠가 나를 더 이상 수녀원에 못 보내는 것은, 그 돈으로 내 결혼지참금을 모으려고 하는 건지도 몰라요. (……) 난 아빠가 좋아요. 그가 아빠가 아니라면 결혼할 거예요. (……) 난 우리 집에 오는 사람 중에서 당신이 제일 좋아요. 하기사 이 집에 오는 사람도 많지는 않지만요." (268)

이사벨이 말하지요. "착한 딸이 되세요. 아버지에게 기쁨을 주세요." 팬지가 대답하지요. "그게 내가 사는 목적일 거예요. 아빠에게는 즐거움이 별로 없어요. 아빠는 슬픈 사람이에요."

팬지가 오스먼드에 대해 이야기하는 것을 귀 기울여 듣는 이사벨을 보세요. 이사벨은 자신도 팬지에게 오스먼드 이야기를 하고 싶은 맹렬한 감정을 자제합니다. 이사벨은 아이를 거의 부러움 속에서 바라보는군요. 이런 이사벨의 감정은 오스먼드가 이미 그녀의 가슴속에 들어와 있다는 것을 보여주는 것이지요.

로마에서 이사벨과 헤어지면서 혼자 있는 팬지를 부탁했던 오스먼드의 전략은 정확했어요. 그는 이사벨의 어떤 요소를 보았을까요? 그래요. 혹시 이사벨은 오스먼드와 팬지에게서 자신의 아버지와 자신의 모습을 연상하고 있는 것은 아닌가요? 그렇게 말할 수 있는 근거도 있지요? 처음 오스먼드의 빌라를 방문한 날, 그가 두 팔로 팬지의 허리를 감싸고 있는 모습을 이사벨이 깊은 충족감을 가지고 바라보았던 것, 기억나세요? 또는 자기주장이 뚜렷한 이사벨은 역설적으로 완벽한 보호를 받는 듯한 팬지에게 어떤 부러움을 느꼈을까요? 이런 질문들을 하면서 다음으로 넘어가지요.

이사벨이 팬지를 방문하고, 오스먼드와 결혼을 결정하기까지 일 년 가까운 시간 동안 그녀는 터키, 이집트 등을 마담 멀과 함께 여행합니다. 이 여행의 역할은 이사벨이 마담 멀의 다른 모습, 생소하고 위험한 모습을 감지하는 기회를 제공하는 것입니다. 그리고 이는 결혼 후 이사벨이 마담 멀의 실체를 알게 되는 것과 연결될 것이에요.

좀더 살펴보지요. 이사벨은 마담 멀이 좌절과 시련을 거쳤지만 여전히 신선한 매력을 지니고 있다고 생각하고 있었어요. 그런데 함께 여행을 하면서 마담 멀에 대한 새로운 이해를 하게 됩니다. 마담 멀의 매력들이 일종의 직업적인 또는 기계적인 특징을 띠고 있다고 생각하게 되지요. 즉 연주가가 케이스에 넣고 다니는 악기, 또는 기수가 재갈을 채워놓거나 담요를

씌워두는 애마와 같다고 느끼지요. 참으로 희한한 표현이지요? 개인의 매력이 그의 일부가 아니라, 그와는 별개의 것, 들고 다니는 악기나 묶어두는 말에 비유되고 있군요. 필요할 때만 사용하는군요. 이사벨은 또 느낍니다. 마담 멀의 어떤 모습은 늘 장막으로 가려져 있으며 세상 앞에 나타나는 그녀는 마치 의상을 입고 무대에 등장하는 배우 같다는 것이지요. 여기가 중요해요. 마담 멀의 어떤 요소는 투명하지 않아요. 이사벨은 마담 멀의 도덕성에 의구심을 갖게 됩니다. 그녀는 인간의 동기에 대한 마담 멀의 이해는 퇴폐적이라고 생각하게 되지요. 이따금씩 번득이는 마담 멀의 잔인함과 솔직하지 못한 태도에 이사벨은 당혹해하며 위험한 예감 같은 것을 느끼지요. 마담 멀의 도덕성은, 그래요, 마치 값이 깎인 물건과도 같다고 생각하게 됩니다. 여기서는 도덕성을 돈과 연결하네요. 앞에서는 이사벨의 무의식적인 열정을 은행 잔고에 비유했었지요. 하기야 지금 이사벨을 중심으로 은밀하게 진행되고 있는 음모 또는 결혼 계획은 그녀의 유산을 둘러싸고 일어나고 있으니, 그럴 법도 합니다. 하여간에 이사벨의 마담 멀에 대한 이런 통찰은 정확합니다. 그러나 이사벨은 자신의 느낌들을 무시해버리지요. 나중에 결정적인 순간에 이사벨은 자신이 무시했던 이런 느낌들을 기억해낼 것입니다. 우리는 알아요. 이런 번득이는 느낌들, 스쳐가는 생각들이 진실과 관계있다는 것을. 그러나 우리는 그런 느낌들을 무시해버린다는 것을.

자, 여행에서 돌아온 이사벨은 오스먼드와 결혼하기로 결정하는데, 작가가 이 소식을 알려주는 방식이 특이합니다. 어떤 설명도 없이, 이런 장면이 나와요. 이사벨은 굿우드를 기다리면서 극도로 불편한 상태에 있어요. 이사벨의 이 불편한 마음을 묘사하는 것으로 결혼 소식을 알려주는 것이지요. 우리는 일 년 전에 굿우드에게 장담하던 이사벨의 말을 기억해요. 자신은 결혼할 의사가 없으며 소문으로 자신의 결혼에 대해 들으면 믿지 말라고 했었지요. 그래서 이사벨은 제일 먼저 굿우드에게 결혼 소식을 알렸고, 그는 28일 동안 배를 타고 대서양을 건너 이사벨에게 확인하러 옵니다.

이사벨과 오스먼드의 결혼은 주위 사람들에게 어떻게 보일까요? 작가는 이를 이사벨과 굿우드, 터체트 부인, 그리고 랄프와의 대화를 통해 보여줍니다. 우리는 세 사람의 질문과 반응의 공통점이 무엇인지에 유의할 것입니다. 또 이에 대한 이사벨의 대답 또는 자기변호에 유의할 것입니다. 이런 방식으로 작가는 이사벨의 선택이 어떤 함정을 안고 있는지, 그리고 이 함정에 대해 이사벨이 얼마나 눈 먼 상태인지 보여줍니다.

먼저 굿우드의 질문과 이사벨의 대답을 보세요. 그는 곧바로 묻지요. 그는 누구인가. 무슨 일을 하고 있고, 지금까지 해놓은 일은 무엇인가. 굿우드의 질문은 구체적이고 확실한 대답을 원하는 질문이에요. 신생국의 차세대 지도자, 확실한 도덕성과 정체성을 가진 젊은이가 할 수 있는 질문이지요. 그러나 그의 구체적인 질문에 대한 이사벨의 대답은 추상적이고 주관적입니다. 보세요. "그는 알려지지도 않았고, 유명한 사람도 아니에요. 그러나 대단히 성실하고 명예로운 남자이며 신사예요." 그러면서 아주 당당하고 자랑스럽게 말하지요. "나는 철저한 무명인과, 이름도 존재도 없는 사람과 결혼하는 겁니다. 그러니 그에 대해 관심을 갖지 마세요. 당신이 알 수 없으니까." 대답하는 태도가 너무도 확신에 차 있어서 이사벨의 말이 실제로는 무엇을 뜻하는지, 굿우드가 모를 리 없습니다. "아, 당신의 말인즉, 그는 굉장히 훌륭한 사람이다. 그러나 아무도 그렇게 생각하지 않는다, 라는 뜻이군요."

그래요. 이사벨에게는 오스먼드가 아무도 아니고 아무것도 이룬 것이 없는 '별볼일없는 사람'이 아닙니다. 오스먼드는 굉장한 사람이지요. 이사벨은 그의 가난을 결핍이 아니라 자유와 무한한 가능성으로 이해하고 있거든요.

이사벨의 선택에 대한 터체트 부인의 반응은 또 어떤가요? 돈과 명예 등 세속적인 조건에 대해 현실적인 태도를 가지고 있는 이 부인의 말을 들어보세요. 터체트 부인은 워버튼 경의 구혼을 거절한 이사벨을 보고 네가 어떤 결혼을 하게 될지 궁금하다, 라고 말했었지요. 그런 이사벨이 오스먼드와 결혼하기로 했다는 소식에 부인은 당연히 충격을 받아요. 부인은 이사벨의 마음을 돌리려고 이렇게 말합니다. "결혼이란 두 사람 사이의 파트너십이야. 그래서 두 사람이 한 가정을 이루는 거야. 그런데 이 결혼의 경우 이사벨, 네가 모든 것을 가지고 가는구나." 그러나 이사벨은 이 말을 이해하지 못하고, 단지 오스먼드의 가난 때문에 반대하는 것이라고 받아들이지요. 터체트 부인은 단호하게 다시 지적합니다. "자선을 베풀려고 결혼하는 거니? 그렇다면 그에게 돈을 줘버려. 결혼은 다른 사람과 하고." 너무도 분명하지 않습니까? 터체트 부인이 오스먼드를 반대하는 것은 그의 가난 때문이 아니지요. 다른 본질적인 이유 때문이지요. 터체트 부인은 오스먼드가 이사벨을 만나러 들락거릴 때부터 경계심을 가지고 있었어요. 그래서 아이가 딸린 홀아비라는 것 외에 아무것도 분명한 것이 없는 오스먼드에 대한 우려를 마담 멀에게 나타냈었지요. 마담 멀이 이 결혼을 은밀하게 추진 중이라는 것을 알 리 없었으니까요.

자, 그렇다면 이사벨의 결혼에 대한 랄프의 반응은 어떨까요? 그의 반응은 굿우드와 터체트 부인의 반응과 다르지 않아요. 그의 반응을 통해 더욱 명확하게 오스먼드라는 인간에 대한 평가가 내려집니다. 랄프와 이사벨의 대화를 정독하시기 바랍니다. 다시 한번 오스먼드에 대한 객관적인 평가, 이에 대한 이사벨의 태도를 압축하고 있습니다.

■■■ "난 그가 편협하고 이기적이라고 생각하오. 자기 자신을 너무도 중요하게 여기니까!"

"그는 자신을 굉장히 존중해요. 그렇다고 해서 난 그를 비난하지 않아요..

(……)

"그는 취향의 화신이오……"

"그의 취향이 세련되었다면, 그건 좋은 일이지요." (291-2)

그래요. 이사벨이 오스먼드와 결혼하겠다는 소식을 듣고 랄프가 받았을 충격을 이해할 수 있습니다. 그가 오스먼드를 묘사할 때 사용하는 표현들, 시든 장미 봉오리, 취향의 화신, 왜소한, 황량한 딜레탕트의 감수성…… 이들의 공통점은 무엇입니까? 생명력의 부재, 생기와 활력의 부재, 지엽적인 것들에 대한 병적인 몰두, 막힘과 소외…… 우리는 랄프가 왜 이사벨에게 유산을 주었는지 알고 있어요. 그녀가 거침없이 창공을 날아가는 모습을 보고 싶었기 때문이었지요. 자신은 병들어서 삶의 현장에서 물러날 수밖에 없지만, 이사벨이 힘차게 비상하는 것을 보는 것은 그에게는 유일한 기쁨일 것이기 때문이었지요. 이사벨이 오스먼드와 결혼하려는 것을 알았을 때의 그의 절망감을 우리도 공감할 수 있을 듯합니다.

좀더 보세요. 랄프는 이해할 수 없어요. 이제 막 창공을 날고

자 했던 이사벨이 누군가가 던진 시들은 장미 봉오리 하나에 어이없이 떨어지고 말다니요. 온 세상을 보고 싶어하던 이사벨이 아니었나요? 랄프가 이를 지적하자, 이사벨이 답합니다. "난 세상을 둘러보았어요. 생각만큼 흥미로운 것 같지 않아요. 무엇보다 삶을 가꾸기 위해서는 어느 한 지점을 선택해야 한다는 것을 알았어요." 랄프가 말합니다. "그건 그렇지요. 문제는 풍요한 땅을 선택해야 하는데, 오스먼드는 황량하다는 것이지요."

그래요. 이사벨처럼 자유로운 상상력과 용기를 가진 여자가 시들어 빠진 오스먼드에게 맞춰가며 살겠다고 하는 것을 이해할 수 없는 것이지요. 자, 이런 랄프 앞에서 이사벨이 어떻게 항변하는지 보세요. 이때의 이사벨의 말은 후에 그녀가 자신의 불행한 결혼 생활의 원인을 성찰하는 과정에서 다시 상기되는 부분이므로 주목할 필요가 있습니다. 그녀는 굿우드에게 했던 말을 랄프에게도 반복합니다.

■■■ "당신은 오스먼드 씨가 부자가 아니기 때문에 불만인가요? 내가 그를 좋아하는 것은 바로 그 이유 때문이에요. 난 운 좋게도 충분한 돈이 있고, 오늘처럼 그 사실이 감사했던 적이 없어요. 당신 아버지의 무덤에 가서 무릎을 꿇고 싶은 순간들이 있어요. (……) 오스먼드 씨는 결코 긁어모으려고도, 맹렬하게 애쓰지도 않았어요.

그는 세속적인 재산에 관심 없어요. 그것이 편협한 거라면, 그것이 이기적인 거라면, 좋아요. 난 그 말에 놀라지도 않아요. 불쾌하지도 않아요. 당신이 잘못 아는 것이 유감일 뿐이에요. (……) 오스먼드 씨는 실수하지 않아요! 그는 모든 것을 알고 모든 것을 이해하며, 가장 친절하고 가장 부드럽고 가장 고상한 영혼을 소유하고 있어요. (293)

어떠세요? 이사벨은 그와 결혼할 수밖에 없네요. 이렇게 확신하고 있으니까. 뒷감당은 나중에 하더라도, 이렇게 한 사람에게 홀딱 반하기도 쉽지 않잖아요? 대단한 오스먼드입니다. 이사벨처럼 총명한 여성을 사로잡을 수 있었으니. 하, 농담이고요. 아니 진담이라고요? 그런데 그게 누구였지요? 연못에 비친 자기 모습에 취해 빠져 죽은 젊은이는? 그래요. 우리 모두 속에 그 미소년 나르시스가 있어요. 때로는 그 멋에 살기도 해요. 그러나 이사벨이 자기가 만들어놓은 이미지에 반한 것이라면, 그래요, 그녀 역시 자기 맹목에서 깨어나기 위해서는 고통이라는 대가를 치러야 되겠지요.

계속 봅시다. 이사벨은 오스먼드의 가난을 결핍이 아니라 초연한 정신의 표현이라고 해석합니다. 그래서 그는 '모든 것을 다 알고 절대로 실수하지 않는' 신사라고 항변해요. 반복하건대, 지금 이사벨은 자기의 눈으로, 자기가 원하는 대로, 오스먼드를 바라봅니다. 오스먼드는 이사벨의 이런 특징을 꿰뚫어보았고, 이를 이용한 것이고요.

다시 한번 유산에 대한 언급이 나오는 것은 당연하겠지요. 여기서도 이사벨은 랄프의 반대를 오스먼드의 가난 때문이라고 단정 지으며 이렇게 말합니다. "재산도 없고, 귀족도 아니고, 명예도 없고, 집도 없고, 땅도 없고, 지위도 없고, 어떤 종류의 훌륭한 소유물도 없어요. 이 모든 것들이 전혀 없는 것이 나를 기쁘게 해요."

랄프의 태도를 보세요. 그는 이사벨의 열렬한 변호를 들으며 인정합니다. 이사벨의 입장에서는 오스먼드를 선택한 것은 일관성이 있다는 것을. '이사벨은 틀렸다. 잘못 알고 있기 때문에. 그러나 그 여자는 자신의 선택을 믿는다. 그녀는 끔찍할 만큼 일관성이 있다. 그녀는 자기 식으로 오스먼드에 대한 정교한 이론을 만들어놓고, 자신이 명예스럽게 치장해놓은 그의 가난 때문에, 그를 사랑하는 것이다.'

보세요. 랄프는 정확하게 이사벨의 상태를 파악하고 있어요. 이사벨이 오스먼드의 실체를 보는 것이 아니라, 자신이 이상화시켜놓은 그를 보고 있다는 것을 알고 있어요. 생각해봅시다. 총명한 이사벨이 무조건 사기극에 말려들었다고 해서는 안 되겠지요. 이사벨은 이처럼 분명하게 자신의 결정에 대한 확신에 차 있으니까요. 그러나 랄프가 파악한 대로, 이사벨은 자기의 이론을 만들어놓고 그 틀에 따라 사람을 보고 있군요. 다시 말해 이사벨은 맹목적이에요. 자기가 보고 싶은 대로 보는 것이지요. 그리고 이 맹목에서 깨어나기 위해서는, 그렇지요, 이 맹목이 초래한 고통을 겪어야 하는 것이지요.

자, 주위의 반대로 인해 결속력이 강화된 이사벨과 오스먼드, 두 사람의 상태를 살펴봅시다. 결혼을 앞둔 오스먼드의 행복은 그를 솔직하게 만드는군요. 그는 이사벨에게 가난하여 불행했던 자신에 대해 말하지요. 오스먼드의 이 말은 그가 이사벨과의 결혼에 얼마나 만족하는지를 보여줍니다. 동시에 그가 이사벨과의 결혼 생활에서 실망했을 경우 얼마나 이기적이고 잔인해질 수 있는지를 생각하게 합니다.

오스먼드가 먼저 돈에 대해 말하는 것을 보세요. "당신 친척들은 내가 당신 돈 보고 결혼한다고 생각하는데, 그렇소, 나는 당신이 부자인 것이 좋아요. 당신 것이면 무엇이든지 좋아요. 돈이란 것은, (붙들려고) 따라가면 끔찍한 거지만, (돈이 나에게 올 때) 나가서 맞이하는 것은 멋진 일이지요." 이런 표현, 본 적 없지요?

그는 계속 말해요. 많은 것들을 원했고, 가지지 못해서 화가 났었고, 욕망을 억제하면서 침울하게 되고, 황폐해지고, 허기로 인해 증오하게 되었다고 말합니다. 그래요. 충족되지 못한 욕망과 이로 인한 인간성의 황폐를 이보다 더 쉽게 말할 수 있을까요? 이제 오스먼드는 더 이상 좋은 것을 상상할 수 없어요. 그래서 그는 자신의 현재 상태를, 저녁 어둠이 밀려오는 속에서 책을 읽으려고 안간힘을 쓰고 있는데 돌연 램프불이 켜진 것 같다고 말하고 있어요.

"당신은 신선하고 나에게는 연륜이 있소. 우리 앞에는 아름다운 이탈리아의 긴긴 여름날 오후가 놓여 있소." 그러니까 오스먼드에게 이사벨과의 결혼은 좌절되었던 욕망의 충족과도 같아요. 그리고 그 욕망이란 단지 돈만이 아니라, 훨씬 복잡하고 까다로운 것임을 보세요. 그가 최고의 감식안을 가진 수집가라는 점을 상기하세요. 오스먼드는 이사벨의 상상력을 높이 평가해요. 그의 이기심은 결코 우둔한 아내를 원하지 않아요.

우리는 묻게 됩니다. 이사벨의 생에 대한 열망, 자유와 독립을 지키겠다던 신념, 이런 것들은 어떻게 되었나요? 작가는 독자를 대신하여 이렇게 묻고, 아주 간단하게 답합니다. 이사벨의 행동은 '원초적인 필요성'에 의한 것이다, 다시 말해 '원초적인 욕구'에 대한 응답은 무수한 질문들을 없애주면서 무한한 욕망을 충족시킨다, 는 것이에요. 그러면서 이사벨의 생각을 전해요. 즉 오스먼드가 그 여자만의 애인이라는 사실이 중요하고, 무엇보다 그 여자가 그에게 소용이 있으며 그에게 받기만 하는 것이 아니라 주기도 한다는 사실이 중요하다는 것이지요.

잘 보세요. 이것이군요. 이사벨은 오스먼드와 결혼하면서 자신이 그에게 유용한 사람이 되는 것이 중요하군요. 이사벨은 주는 사람으로서 자기의 힘을, 영향력을 행사하고 싶어요. 이 부분은 나중에 다시 상기될 것입니다.

이렇게 소설의 전반부는 끝이 납니다. 후반부에는 어떤 내용이 전개될 것인지요? 물론이지요. 주위의 반대에도 불구하고 확신에 차서 오스먼드와의 결혼을 결정했으니, 이후의 이사벨의 생활이 어떨지를 보여주겠지요. 이제껏 가려졌던 오스먼드와 마담 멀의 관계도 드러나겠지요. 그 과정에서 이사벨은 스스로의 맹목에서 벗어나게 될 것입니다.

The Portrait of a Lady

# 제6강

이사벨이 자신의 결혼에 관한 진실을 깨달아가는 과정은 또 하나의 결혼, 즉 오스먼드의 딸 팬지의 결혼을 둘러싸고 전개됩니다. 팬지를 사랑하는 청년 로지에와, 다시 이사벨의 삶에 등장하여 팬지에게 관심을 표하는 워버튼 경, 그리고 팬지와 워버튼 경의 결혼을 목표로 삼아 자신들의 욕망을 드러내는 과정에서 오스먼드와 마담 멀의 실체가 드러나는 것이지요.

이러한 이야기들의 궁극적인 메시지는 무엇인가요? 작가가 이 소설에서 탐구하고자 했던 주제들이겠지요. 이사벨이 대변하는 순수와 무지가 경험을 거치면서 어떻게 성숙해가는가, 또는 경험의 부재에서 오는 자신에 대한 맹목이 어떤 시험을 거쳐 자신을 바로 보게 되고 깨닫게 되는가를 탐색하는 것입니다.

그리고 이런 이사벨의 경험을 미국적인 요소들, 즉 역사와 경험의 부재에서 오는 피상적인 현실 인식, 그리고 미국적 초절주의의 가능성, 낙관성 등과 연결시키고 있는 것이지요.

이 후반부는 전반부에 비해 빠른 속도로 진행됩니다. 우리의 관심은 이사벨과 오스먼드의 결혼 생활, 베일에 싸여 있던 마담 멀과 오스먼드의 관계가 드러나는 계기와 과정, 그리고 랄프와 이사벨의 화해 등에 집중될 것입니다.

우리가 다시 이사벨과 오스먼드를 만나는 것은 전반부가 끝나는 시간으로부터 2년 뒤입니다. 이들의 결혼 생활에 관한 소문을 들어봅시다. 마담 멀의 작은 아파트에서 마담 멀과 로지에가 대화를 나누고 있군요. 우리가 로지에를 만난 적이 있나요? 그도 유럽에 사는 미국인들 중 한 사람이며, 예술품 애호가이자 수집가입니다. 그가 팬지를 사랑하게 되어 그녀와의 결혼을 상의하기 위해 마담 멀의 아파트를 방문했던 거지요.

아파트의 작은 거실은 미술품, 수집품으로 가득 차 있군요. 마담 멀과 로지에가 나누는 대화 가운데 귀에 들어오는 말들이 있어요. 젊은 로지에가 마담 멀의 물건들을 보고 감탄하자, 마담 멀은 대꾸합니다. "난 내 물건들, 증오해요." 로지에가 "그럼 처분하고 싶으신가요?" 라고 묻자, "아니요. 내 증오를 삭여줄 대상이 필요하니까." 라고 답합니다. 이에 청년은 말하지요. "전 제 물건들을 사랑합니다."

이 대화가 기억에 남는 이유는, 로지에는 팬지와 결혼하기 위해서라면 사랑하는 수집품들조차 팔 각오가 되어 있는 청년이기 때문입니다. 다시 말해 마담 멀과 오스먼드처럼 로지에도 변방인으로서 물건들을 수집하지만 그에게는 팬지가 더 중요한 것이지요. 그는 순수하게 사랑할 줄 아는 인물로 그려지는데, 그를 통해 디아스포라라는 삶의 조건이 반드시 도덕적 오염과 연결되는 것이 아님을 작가는 보여주지요. 다시 말해 외형적인 삶의 조건에 의해 도덕성이 결정된다, 라고 단정 짓는 것을 거부하는 것이지요. 실제로 작고 연약한 로지에와 팬지의 사랑은 막강한 오스먼드의 권위에 도전하는 역할도 합니다.

자, 로지에가 팬지와의 결혼을 위해 마담 멀과 상의하는 과정에서 이사벨의 결혼 생활에 대한 암시가 자연스럽게 나옵니다. 오스먼드와 이사벨은 서로 불화하는 듯합니다. 오스먼드가 찬성하는 것은 이사벨이 반대한다, 이런 말도 오갑니다. 그렇다면 결혼 이후, 이사벨은 어떻게 변했을까요? 이번에는 랄프의 생각을 통해 알게 됩니다. 건강이 악화된 랄프는 이사벨을 보기 위해 워버튼 경과 함께 로마에 와 있어요. 우리가 이사벨을 직접 만나기 전에 먼저 랄프의 생각 속으로 들어가 봅시다.

이사벨과 오스먼드는 로마에서 상류층의 삶을 살고 있는 듯합니다. 이사벨은 목요일마다 파티를 열고 유명 인사들을 초대하고 차를 마십니다. 이사벨의 돈과 오스먼드의 취향으로 꾸며

진 완벽한 저택에서 말입니다. 더 많은 사람들을 만나고, 더 많은 장소를 방문하고, 더 빠르게 움직이고, 더 많은 활동을 하고…… 이런 이사벨을 보며 랄프는 생각하지요. 그것들은 이사벨을 보여주는 것이 아니라 다른 누군가를 대변하는 것이며, 일종의 광고이다, 라고 말이지요. '표현', '재현', '광고'라는 단어가 연속해서 나오는군요.

> ■■■ 그녀는 가면을 쓰고 자신의 얼굴을 완벽하게 가리고 있다. 가면 위에 칠해진 고요 속에는 고정되고 기계적인 무엇인가가 있었다. (……) 그건 표정이 아니었다. 그것은 재현이었고, 심지어는 광고였다.
>
> 그 자유롭고 명민하던 처녀는 전혀 다른 사람이 되어버렸다. 그의 눈앞에 서 있는 것은 무엇인가를 재현하도록 되어 있는 세련된 부인이었다. 이사벨은 무엇을 재현했는가. 랄프는 자문했고, 그가 대답할 수 있는 것이란 단지, 그녀가 길버트 오스먼드를 재현한다는 것뿐이었다. (330-331)

이처럼 랄프는 이사벨의 행동, 말, 표정, 몸짓이 가면이며, 그 뒤에는 오스먼드의 손길이 있다고 봅니다. 무대 위에서 인형들이 보이지 않는 주인에 의해 동작, 목소리, 표정들이 조정되고 통제되는 것처럼 말이지요. 랄프에 의하면 이사벨의 삶은 남들에게 보이기 위한 것, 세상을 향한 것이므로 광고라고 말하는 것이지요. 또한 랄프는 이사벨의 삶에서 균형이 무너지는, 일종의 폭력을 느끼지요. 그는 묻습니다. 이사벨은 무엇을 회피하려고 더 맹렬하게 더 많은 사람들을 만나고 더 많은 곳을 방문하는가. 이사벨은 무엇으로부터 도망치는 것일까. 랄프의 이런 생각은 이사벨 자신의 생각 속으로 이어지지요.

이사벨의 생각을 따라가면서 우리는 이사벨과 오스먼드의 불화가 본질적인 것의 차이에서 온 것임을 확인하게 됩니다. "한 사람의 원칙이 다른 사람에게는 경멸의 대상이다." 그러므로 두 사람의 차이는 지엽적인 습관의 차이라든가 성격의 차이 같은 차원이 아니에요. 가치관, 인생관의 차이입니다. 우리는 두 사람의 근본적인 차이를 랄프와 터체트 부인의 반대를 통해 이미 알고 있었지요.

처음에 오스먼드는 이사벨의 생각들을 고치려고 했고—결혼 전에 오스먼드가 이사벨의 생각들을 고치겠다고 한 것을 기억하지요?—이사벨도 노력했어요. 그러나 이사벨 자신을 어떻게 고치겠어요? 이사벨을 자신의 의지대로 고칠 수 없다는 것을 알게 된 오스먼드가 할 수 있는 일은 무엇인가요? 그는 이사벨을 증오하게 됩니다. 두 사람 사이에는 건널 수 없는 불신의 강이 생기지요. 서로 불신하는 것, 이것이 현재 두 사람의 결혼생활의 본질이라고 이사벨은 생각합니다.

이사벨의 성찰은 오스먼드와의 결혼을 반대했던 랄프의 말이 옳았다는 것을 깨닫게 하는군요. 보세요. 우리는 랄프가 오스먼드를 왜소하고 황량한 인간이라고 말했던 것을 기억합니다. 이사벨은 오스먼드와의 결혼이 광활하고 높은 곳으로 향하는 것인 줄 알았는데, 알고 보니 좁고 어두운 지하실에서 질식할 것 같은 상태라고 말합니다.

이사벨은 또 오스먼드의 세속을 초월한 듯한 태도, 그 실체에 대해서도 알게 됩니다. 즉 오스먼드의 유일한 관심은 세상이며, 그가 초연한 듯한 태도를 취하는 것은 세상의 관심을 자기에게로 불러오기 위한 포즈인 것이지요. 그의 태도, 취향, 행동 등은 철저히 세상을 위한 것이군요. 그는 세상의 호기심을 불러일으켜서 세상이 자기에게 오면, 그 호기심을 만족시키기를 거부함으로써 만족을 얻고자 해요. 이래서 오스먼드는 철저히 세상의 하인이 되는 것이지요.

무엇보다도 이사벨은 오스먼드가 자신과는 전혀 다른 '도덕'을 가지고 있다는 것을 알게 됩니다. 가령, 이런 식으로 예를 나열하고 있어요. 결혼한 여자들은 누구나 정부를 두고 있다, 아내들은 모두 남편들에게 거짓말을 한다, 서너 명을 제외하고는 모두 남편들을 속인다…… 굳이 청교도의 딸이 아니라 해도 도덕적인 청결함, 정절, 예절과 같은 덕목들을 믿는 이사벨에게 오스먼드의 이런 태도는 흉측스럽도록 불결해 보이는군요.

자, 결혼 전에 랄프가 경고했었던 오스먼드의 속성을 이제야 이사벨이 알게 됩니다. 그렇다면 오스먼드의 속임수는 어디에서 온 것일까요? 그렇지요. 세속적인 욕심이 도저히 채워질 수 없는 상황 앞에서 그는 예술적 취향을 가꾸며 고고하게 살아가는 모습을 훌륭하게 연출해낼 수 있었다는 것이지요. 그는 자신을 '유럽의 제일가는 신사'로 내세우면서 속물적이고 이기적인 실체를 감출 수 있었던 것이지요. 그래서 이사벨은 오스먼드와 함께 사는 집을 '암흑의 집', '무언의 집', '질식의 집'으로 표현하고 있어요. 그 어둠의 집의 높고 작은 창에서 오스먼드는 아래를 내려다보며 이사벨을 조롱하고 있어요. 다시 말해 그의 외형적인 세련됨과 우아함 속에는 잔인한 이기심이 도사리고 있습니다.

■■■ 그는 자기 자신을 너무도 심각하게 받아들였다. 그것은 끔찍한 일이었다. 그의 모든 세련됨과 영리함과 상냥함 아래, 그의 좋은 천성과 편안함과 삶에 대한 지식 아래, 그의 이기주의가 꽃동산의 뱀처럼 숨어 도사리고 있었다. (360)

이것이 이사벨이 파악한 오스먼드의 실체입니다. 오스먼드에 대한 작가의 예리한 통찰에 감탄하게 되는군요.

오스먼드의 실체가 구체적으로 드러나는 것은 팬지와 워버튼 경의 결혼을 원하는 그의 욕망을 통해서입니다. 마담 멀의 실체도 이 과정에서 드러나게 되고요. 이를 계기로 이사벨은 두 사람에 대해 눈을 뜨기 시작합니다.

이사벨이 마담 멀과 오스먼드에 대해 어두운 예감을 갖게 된 계기가 있어요. 보세요. 이사벨과 팬지는 서로 좋아하고 의지하는 듯해요. 이사벨이 팬지와 함께 산책을 하고 돌아온 어느 날, 이사벨은 장갑을 벗으며 혼자 거실로 들어오다가 문득 멈춰 섭니다. 거실에는 마담 멀과 오스먼드가 함께 있었고, 두 사람은 미처 이사벨의 존재를 알아차리지 못했어요. 그때 이사벨의 눈에 들어온 것은 오스먼드는 앉아 있고 마담 멀은 서 있다는 것이에요. 그런 채로 두 사람은 마주 보고 있었어요. 그들이 마주 보는 시선은 오랜 친구들이 대화를 하다가 중단한 채 서로 바라보는 것만으로도 이해하는, 그런 시선이었어요. 짧은 순간이었으나 두 사람이 마주 보는 시선은 이사벨에게 하나의 이미지로 남게 되고, 이후에도 이사벨은 이때를 기억하고 불길한 예감에 젖기도 합니다.

다시 계속할까요? 마담 멀과 오스먼드는 워버튼 경이 팬지에게 관심을 보인다는 것을 알게 되자, 그 결혼의 성사 여부가 이사벨에게 달려 있다고 집요하게 말합니다. 이사벨이 워버튼 경의 구혼을 거절했으니, 그가 이사벨의 말을 들을 거라는 거죠.

이사벨 자신은 팬지와 워버튼 경의 결혼에 대해 어떻게 생각할까요? 이사벨은 자신에게 구혼했던 남자가 어리고 연약한 팬지에게 관심을 갖는 것을 쉽게 이해하지는 못하지만 남자들의 마음이 무엇을 원하는지는 알 수 없는 일이라며 넘어갑니다. 그러면서 이 결혼이 성사되도록 자신이 애쓴다면, 자신이 불행에서 벗어날 수 있을지 모른다고 생각합니다. 그래서 이 결혼에 대해서 이사벨이 중요하게 여기는 것은 팬지의 행복을 위해서 무엇이 가장 좋은지를 알아내는 일이지요. 워버튼 경이 팬지를 정말 좋아하지도 않으면서 팬지에게 구혼하는 것은 팬지와 로지에에게 잔인한 일이기 때문이지요. 이사벨은 워버튼 경에게서 그가 사랑하는 것은 팬지가 아님을 확인하는데, 이 순간은 대단히 암시적으로 표현되고 있어요. 이사벨과 워버튼 경이 이야기를 하다가 서로 말없이 마주 보는 시선을 통해 그 상황은 세심하게 묘사되지요.

워버튼 경이 사랑하는 사람이 팬지가 아닌 것을 확인한 이사벨은 팬지의 의견을 듣고자 합니다. 팬지와 이사벨이 대화하는 장면을 보세요. 이사벨은 한편으로는 같은 여성으로서 팬지의 행복을 진심으로 원하고 있고, 또 한편으로는 오스먼드가 원하는 것을 팬지에게 재확인시키는 역할을 해야 합니다. 이사벨은 물론 곤혹스럽지요. 그러나 팬지와 이야기를 하면서 이사벨은 놀라게 되는군요. 팬지의 태도를 보세요. 지금까지 의존적이기만 하고 독립적인 생각이라고는 없는 듯이 보였던 팬지가 분명하게 자기 의견을 표시하기 때문이지요. “나는 로지에를 사랑해요. 언제나 사랑해요.”

그러나 순종적인 팬지는 자기와 워버튼 경의 결혼을 원하는 아버지를 실망시키지 않을 거예요. 그렇다면 무엇이 관건인가요? 팬지는 워버튼 경에 대해서도 태도를 분명하게 해요. 팬지는 그가 자기를 좋아하기는 하지만 진심으로 사랑하지 않으며, 무엇보다 팬지가 원하지 않는 것을 강요하지 않을 것이라는 것도 알고 있어요. 팬지의 말을 들어보세요. 워버튼 경은 절대 자기에게 구혼하지 않을 것이다…… 자신은 로지에와 결혼하지 못할 것이지만 로지에를 언제나 사랑할 것이다……

팬지의 이런 태도를 보면서 이사벨이 느끼는 감동과 혼돈을 이해하게 됩니다. 우리 또한 팬지의 작지만 분명한 목소리 앞에서 기대하지 못했던 감동을 느끼니까요. 화려한 목련 그늘에 가려 보일 듯 말 듯한 작은 팬지꽃이－아니 오히려 제비꽃이라고 해야 더 적절할 듯한데－ 이렇게 또렷하게 자신의 목소리를 낼 수 있다니요. 팬지를 바라보는 이사벨에게 부러움의 물결이 몰려오는군요.

작가는 여기서도 독자를 놀라게 합니다. 그는 인물들을 획일적으로 그리지 않아요. 팬지를 통해서 작가는 오스먼드의 완벽한 듯한 권위와 통제가 취약하다는 것을 보여주는 것이지요. 팬지가 로지에를 사랑한다는 것을 안 오스먼드가 다시 팬지를 수녀원에 가두어버리고, 팬지는 다시 권위에 굴복한 모습이 되지만, 그러나 우리는 이 순간의 팬지를 기억할 것입니다.

자, 기대했던 팬지와 워버튼 경의 결혼이 무산된 것을 알게 된 오스먼드와 마담 멀의 반응이 궁금하군요. 여기서 그들의 실체가 가차 없이 드러나기 때문이지요. 두 사람은 이사벨이 질투 때문에 술수를 써서 그 결혼을 무산시켰다고 윽박지릅니다. 지금까지 이사벨 앞에서 쓰고 있던 가면을 벗어던지는 것이지요. 오스먼드의 태도를 먼저 볼까요? 무엇 때문에 나를 비난하는가, 라는 이사벨을 향해 오스먼드가 말하는 것을 들어보세요.

■■■ "워버튼 경과 팬지의 결혼을 방해한 것에 대해서. 이만하면 명백하오?"

"그 반대죠. 난 그 결혼에 큰 관심을 가졌어요. 난 당신에게도 그렇게 말했고요. 당신이 그 일을 나에게 맡긴다고 했을 때, 난 그 과제를 받아들였지요. 바보 같은 짓이었지만, 난 그렇게 했어요."

"당신은 그러는 척했소. 게다가 내가 당신을 더 믿게끔 만들려고 마지못해 하는 척했소. 그런 뒤 당신은 교묘한 방법으로 그를 제거한 거요."

"당신이 말하는 게 무엇인지 알 것 같아요." 이사벨이 말했다.

"그가 나에게 쓰겠다던, 당신이 말했던 그 편지는 어디 있소?" 그

> 녀의 남편이 물었다.
>
> "난 전혀 모르지요. 그에게 안 물어봤어요."
>
> "당신이 중간에서 쓰지 못하게 한 거요." 오스먼드가 말했다.
>
> 이사벨은 천천히 일어났다. 발목까지 덮는 흰 망토를 입고 서 있는 이사벨, 그녀는 연민의 친척, 경멸의 천사를 대변하는지도 몰랐다.
>
> "아, 길버트, 당신처럼 고상한 사람이!" 그녀는 길게 중얼거리듯 외쳤다. (402)

이사벨은 자신을 비난하는 오스먼드의 말과 태도 앞에서, 그렇게 추락하는 오스먼드 앞에서, 절망을 느끼지요. 그러나 독자는 그것이 오스먼드의 실체일 뿐, 추락이 아니라는 것을 압니다. 그러므로 이때 이사벨이 느끼는 절망은 오스먼드에 대한 자신의 환상이 무너지고, 그의 진짜 모습을 보게 될 때의 절망인 것이지요. 이사벨은 오스먼드의 실체에 절망하는 겁니까, 자신의 눈멀었던 상태에 절망하는 겁니까? 이 둘을 구별할 수 있을까요?

마담 멀의 경우는 어떤가요? 마담 멀이 사태를 알게 된 뒤 이사벨을 찾아와 나누는 대화를 보세요. 그것은 대화라기보다 추궁이라고 해야겠지요. 우아하고 사회적인 예의에 어긋나는 일이 없었던 마담 멀이 드디어 이사벨 앞에서 본색을 드러내는 순간을 살펴볼 필요가 있어요. 마담 멀은 워버튼 경이 로마를 떠난 직후 이사벨을 찾아와서 묻는군요. 이사벨이 대답합니다. "그에 관해 이야기하지 마세요. 그에 관해 너무 많이 얘기했어요." 이사벨이 겪은 고통을 짐작하는 독자로서는 이런 이사벨의 반응이 이해됩니다. 그러나 마담 멀은 본격적으로 추궁하기 시작하는군요. "난 여기 없었으니 모르잖아요. 난 그 결혼에 굉장한 기대를 하고 있었거든요. 난 이 일에 관해 당신을 아주 신뢰했었어요."

계속 질문을 해대는 마담 멀의 눈은 위험스럽게 번득이고 초조합니다. 마담 멀의 이런 모습에 이사벨이 당황하는 것은 팬지의 결혼에 마담 멀이 이토록 맹렬한 관심을 가지고 있었다는 것을 몰랐기 때문이지요. 잘 보세요. 놀란 이사벨은 자기를 둘러싸고 있는 흐릿한 허공 속에서 차갑게 조롱하는 어떤 음성이 분명하게 말하는 소리를 듣는 듯해요. 이 화려하고 강하고 사교적인 여자, 현실적이고 세속적인 것들의 화신인 이 여자가 이사벨 자신의 운명을 좌우한 강력한 동인이었다……

그 순간 이사벨의 눈앞에 언젠가 잠깐 보았던, 그러나 곧 사라졌던, 마담 멀과 자기 남편이 함께 있던 그 장면이 새롭게 떠올랐지요. 그렇습니다. 이때 이사벨은 마담 멀에 대해 처음으로 눈뜨게 되는 것이지요. 즉 마담 멀의 관심은 오스먼드의 관심과 같다는 것을 알게 된 것이지요. 그러나 그뿐이고, 두 사람의 관계에 대해서는 아직 모릅니다. 마담 멀의 말은 계속됩니다. “난 화가 난 게 아네요. 난 단지 사태를 원상복구시키기를 원해요. 워버튼이 우리를 영영 떠났다고, 당신, 생각하세요?”

마담 멀은 워버튼 경이라는 존칭도 생략하고 있군요. 그만큼 절박하다는 소리지요. 이사벨이 대답합니다. “난 모르지요. 당신을 이해할 수 없군요. 그 일은 모두 끝났어요. 제발 더 이상 들추지 마세요. 오스먼드는 그 일에 대해 많은 말을 했어요. 난 더 이상 당신에게 말할 것도 들을 것도 없어요.” 그러면서 덧붙입니다. “그 문제에 관해서는 오스먼드가 당신과 기꺼이 이야기할 거예요.”

이사벨의 이 말에 마담 멀이 대답하는군요. “그가 무엇을 생각하는지 난 알아요. 어제저녁 날 만나러 왔었으니까.” 그래요. 오스먼드는 마담 멀이 여행에서 돌아오자마자 혼자 그녀를 찾아갔던 거지요. 자, 두 사람 사이의 이런 신경전이 계속되다가 드디어 마담 멀은 말하고야 마는군요. 노골적으로 말합니다. “난 진실을 알고 싶어요. 워버튼 경이 스스로 마음을 바꾸었는지, 아니면 당신이 그렇게 만들었는지. 워버튼 경이 팬지에게 싫증이 난 거라면, 유감스럽지만, 할 수 없죠. 그러나 당신을 기쁘게 하려고 팬지를 포기했다면, 그건 얘기가 달라요.” 마담 멀은 그러면서 내뱉는군요. “그를 놔줘요. 우리가 붙잡게!”

마담 멀과의 대화가 진행되는 동안 이사벨이 느꼈을 두려움을 생각해보세요. 우아한 마담 멀이 거침없이, 당신, 더 이상 워버튼을 붙들고 있지 마, 놔줘. 그래야 우리가 그를 잡지, 했을 때 이사벨의 충격을 생각해보세요. 그렇습니다. 야심을 이루지 못한 마담 멀, 그 여자에게 팬지와 영국 귀족의 결혼은 자신의 불행을 보상해줄 일생일대의 기회였던 것이지요. 왜냐고요? 아직 이사벨은 모르지만, 팬지는 마담 멀과 오스먼드의 딸이기 때문이지요. 이사벨은 신음하듯 묻는군요. "당신 누구세요? 뭐하는 사람이에요? 내 남편과 무슨 관계예요?" 마담 멀은 거침없이 "모든 것"이라고 답한 뒤 나가버립니다. 마담 멀과 오스먼드에 대한 불길한 예감, 즉 자신의 결혼에 마담 멀이 개입한 것이 사실임을 이사벨이 깨닫게 되는 순간입니다. 그러나 여전히 이사벨은 팬지가 두 사람의 딸인 것은 모르고 있어요.

자, 여러분, 연극이 끝날 무렵 등장인물들이 모두 무대에 다시 나와 자기에게 부여된 대사를 말하고 한 명씩 퇴장하는 것, 아시지요? 이제 이사벨의 이야기는 끝나가고 있지만, 그러나 이사벨의 의식의 변화를 따라가는 과정이 남아 있어요. 지금까지의 외적인 줄거리는 이 지점을 향해 진행된 것이지요. 남들이 반대하는 길을 자기 의지로 선택했다고 믿고 여기까지 왔고, 예기치 못한 일들을 겪게 되고, 자신의 눈 먼 상태를 깨닫게 되고…… 이런 의미에서 이것은 이사벨의 성장 또는 각성의 이야기이기도 해요.

이사벨은 앞으로 자신이 부딪히게 될 일들을 어떻게 받아들이고 어떤 태도를 취할까요? 그래요. 공은 이사벨에게 넘어갔어요. 속고 이용당한 그 불운 앞에서 어떤 태도를 취하느냐에 따라, 이사벨에 대한, 그의 이야기가 그려내는 초상화에 대한 평가가 달라질 것입니다. 이래서 이사벨은 시험에 드는 것입니다. 우리가 잘 알고 있듯이 이런 의미에서 경험하는 것은 시험당하는 것과 같아요. 경험을 거치면서 순수에 상처 입은 뒤에도, 현실을 알게 된 뒤에도, 여전히 순수를 지킬 수 있을까요? 그래요. 경험 속으로 들어가는 것은 도덕적 시련을 거치는 것과 같아요.

앞으로의 이사벨의 태도는 어떨까요? 마담 멀과의 대면이 있은 뒤, 이사벨은 늘 찾아가는 로마 유적지를 혼자서 둘러보는군요. 자신의 불행을 유적지라는 역사적인 맥락 속에서 바라보려고 하는 것이지요. 거대한 인간의 흥망성쇠의 현장 앞에서 자신의 불행을 거리감을 가지고 보려고 애쓰는 것이지요. 이런 태도를 우리는 주목합니다. 이사벨은 자기 연민이나 상대방에 대한 분노 또는 원한에 빠지지 않기 위해 안간힘을 쓰고 있어요.

이사벨은 자신을 배반한 마담 멀을 사악하다고 해야 할지, 갈등에 빠집니다. 또 자신은 '악'을 경험한 적이 많지 않다고 인정하는군요. 그렇다면 마담 멀의 사악함을 불러온 것은 그녀의 악에 대한 무지라는 뜻인가요? 이런 이사벨의 태도 속에는 마담 멀의 실체를 알고 난 뒤의 충격을 완화시키려는 방어적인 모습조차 느껴집니다. 이사벨의 생각이 이어집니다. 자신이 유산을 받게 된 것을 안 이후 마담 멀이 더욱 친절해진 것, 자신을 오스먼드와 결혼시키는 데 성공한 것. 비로소 이사벨은 고상하고 순결한 인물인 줄 알았던 오스먼드가 돈 때문에 자기와 결혼했음을 깨닫습니다.

그러나 이사벨은 여전히 수수께끼가 풀리지 않아요. 마담 멀은 이사벨과 오스먼드의 결혼으로 무엇을 얻었는가. 왜냐하면 오스먼드는 마담 멀에게 고마워하지 않기 때문이지요. 이사벨의 입에서 불쌍한 마담 멀, 이라는 탄식이 나오는 것을 보세요.

같은 날, 마담 멀과 오스먼드 사이에 오고가는 대화를 들으면 우리는 이사벨의 이 탄식에 공감하게 될지도 모릅니다. 이사벨이 유적지를 배회하며 자신의 불행을 이해하려고 안간힘을 쓰고 있을 때, 마담 멀의 아파트에는 오스먼드가 와 있군요. 두 사람이 주고받는 말들을 보세요. 서로에 대한 태도를 보세요. 탐정 소설에서 범인들의 범행 동기 또는 단서를 찾을 수 있는, 그런 장면에 해당할 듯해요. 분위기는 황량하고 스산해요.

보세요. 오스먼드는 귀찮아서 마지못해 대답하는 태도이고, 마담 멀은 절박하고 격앙된 태도입니다. 여자는 남자를 향해 울부짖어요. 당신을 만나서 내 영혼이 파괴되었다. 난 이리처럼 울부짖고 싶다. 당신을 만나기 전의 내 모습으로 돌아갈 수만 있다면…… 마담 멀의 이런 모습, 놀랍지요? 계속합시다.

마담 멀은 오스먼드에게 절규합니다. 내 잔인한 태도에 이사벨이 충격을 받았다. 그런 내 자신이 너무 싫다…… 이런 마담 멀을 보면서 어떤 생각이 드나요? 그래요. 마담 멀은 자신을 알아요. 자신의 비열함을 알고 고통스러워하는 만큼 그녀는 아직 살아 있는 걸까요? 이에 비해 오스먼드는 결코 평정을 잃지 않아요. 끝까지 냉소적이고 비웃는 듯한 태도로 마담 멀의 고통을 폄하하지요. 마담 멀과 오스먼드의 차이를 생각해보세요. 이날 이사벨에 대한 두 사람의 이야기를 통해 이들의 비밀이 암시됩니다.

"이런 식으로 우리가 끝나는 거요?" 묻는 오스먼드. "나쁜 사람들은 어떤 방식으로 끝나던가요? 특히 공동의 범죄를 저지른 사람들은요?" 되묻는 마담 멀. 그러면서 팬지를 언급하며 부르짖듯 말하지요. "아, 내게 아이가 있었다면. 난 이사벨이 부러워……" 이 소설에서 처음으로 마담 멀의 입에서 팬지를 못 키우는, 체면 때문에 딸을 외면했던 자신에 대한 탄식이 나오는군요. 독자는 이렇게 팬지가 마담 멀과 오스먼드의 딸이라는 암시를 받게 됩니다. 그리고 이런 암시는 곧 제미니 부인에 의해 사실로 확인될 것이에요.

오스먼드와 마담 멀이 대화를 나누는 도중, 우리의 시선을 끄는 장면이 있어요. 선반 위의 골동품을 들여다보는 오스먼드에게 마담 멀이 조심해서 다루라고 하자, 오스먼드가 말해요. "벌써 금이 갔소." 자, 기억합니까? 이사벨을 처음 만났을 때, 마담 멀이 자신을 금이 간 주전자에 비유했던 것을? 자기는 혹독하게 인생에서 당한 사람이다, 잘 관리를 해서 아직 선반 위에 놓여 있지만, 햇빛에 보면 금이 간 주전자와 같다, 고 했던 말. 그렇군요. 이제 분명해지는군요. 마담 멀과 오스먼드, 이들은 아름다운 것들을 모으는 수집가들이에요. 그러나 골동품에 금이 간 것처럼, 이들의 인생은 심각한 도덕적 균열을 감추고 있는 것이지요.

두 사람을 보면서 오스먼드가 무섭다는 생각이 듭니다. 잔인하고 독선적인 그가 마담 멀의 영혼을 황량하게 만들었구나, 고갈시켰구나. 이날 두 사람의 대화는 마담 멀의 낮은 울부짖음으로 끝나는군요. "내가 아무 보람도 없이 이 모든 나쁜 일을 저질렀단 말인가?" 그렇다면 마담 멀이 원했던 것은 무엇이었나요? 그렇지요. 이사벨을 이용하여 팬지를 그들이 원하는 대로 결혼시키는 것이지요. 곧 밝혀질 것입니다.

The Portrait of a Lady

# 제 7 강

자, 다시 정리해봅시다. 워버튼 경과 팬지의 결혼이 무산되는 것을 계기로 이사벨은 자기의 결혼에 마담 멀과 오스먼드의 계략이 개입되었다는 걸 알게 되었어요. 그러나 그녀는 아직 마담 멀과 오스먼드의 관계, 그리고 팬지와 두 사람의 관계 등에 대해서는 모르고 있어요. 그렇다면 누가 감춰진 그들의 관계에 대해서 알려주나요? 의외의 인물이 사건의 전모를 밝혀줄 결정타를 날리게 됩니다. 제미니 부인. 아무도 믿지 않는 인물이 진실을 밝히는 역할을 하는 거예요. 어떤 생각이 드세요? 세련되고 유능한 마담 멀의 속임수와 비교해보세요. 세련된 마담 멀과 오스먼드와는 정반대로 묘사되는 제미니 부인이 그들의 어두운 비밀을 폭로합니다.

그래요. 별 볼일 없이 주변을 얼쩡거리는 인물도 이렇게 자기 나름의 야무진 역할을 하게 되는군요. 우리 삶에서도 비슷하지 않겠어요? 각자의 역할이 있지 않겠어요?

어떤 일이 계기가 되어 제미니 부인이 무대 정면에 나와서 감춰졌던 진실을 밝히게 되나요? 이사벨의 이야기가 끝나가는 시점에 랄프의 죽음이 임박하게 되었고, 그것이 극적인 계기를 마련해줍니다.

이를 위해 우리는 다시 팬지와 로지에를 만나야겠군요. 우리는 워버튼 경과 팬지의 결혼이 무산되는 것을 계기로 이사벨이 마담 멀과 오스먼드의 실체를 알게 된 것을 보았어요. 그러고 보면 워버튼 경은 단지 이사벨을 계속 사모하는 것 이상의 역할을 했어요. 그는 이사벨이 눈뜨게 되는 직접적인 계기를 제공했으니까요. 그것이 이사벨의 삶에서의 그의 역할이었어요. 마찬가지로 제미니 부인이 이사벨에게 진실을 말하게 되기까지, 팬지를 사랑한 로지에는 어떤 역할을 했는지 살펴봅시다.

이사벨, 팬지, 제미니 부인이 로마의 유적지로 산책을 나왔을 때 이사벨은 로지에와 마주치는군요. 그는 이사벨에게 말하지요. "난 내 골동품들을 전부 팔았어요. 에나멜 종류만 제외하고." 이 소리에 이사벨은 큰 충격을 받아요. 마치 로지에가 자기의 이빨을 전부 뽑아버렸다고 한 것처럼 말이지요. 이사벨의 충격은, 로지에에게 그 골동품들이 얼마나 중요한지를 그녀가 알고 있다는 것, 그러나 그 중요한 것들을 팔아서 돈을 갖게 되었다 해도 오스먼드의 반대로 그와 팬지의 결혼은 불가능하다는 것을 알고 있기 때문이지요. 로지에는 그토록 소중한 물건들을 파리 경매에 내놓고 5만 달러를 받았다고 하면서 당당하게 묻습니다. "이래도 오스먼드가 나를 가난하다고 할 텐가요?"

우리가 앞에서 말했지요. 로지에에게 골동품은 소중하지만, 그러나 팬지가 더 소중합니다. 그는 수집한 물건들의 노예가 아니에요. 그것이 그와 오스먼드의 차이입니다. 오스먼드는 이사벨을 자신의 최상의 수집품으로 보지 않았던가요? 자, 보세요. 이날 이사벨과 팬지가 떠난 뒤 제미니 부인은 남아 로지에와 이야기했지요. 그리고 제미니 부인이 로지에에게 호감을 갖게 된 것을 눈치 챈 오스먼드는 팬지를 다시 수녀원으로 보냅니다.

(자기) 딸은 순결하고 아름다워야 하며 사교계에, 세상에 너무 물들면 안 된다. 수녀들은 좋은 가문 출신들이고 귀족들도 많다. 팬지는 그곳에서 책을 읽고 그림을 그리고 피아노를 치면서, 생각하는 시간도 갖게 될 것이다…… 오스먼드는 마치 자기의 말이 그려내는 그림을 감상하듯 식탁 위의 꽃바구니를 바라보며 말하는군요. 그러나 왜 이사벨은 그런 오스먼드를 보며 심장이 얼어붙는 듯 느낄까요? 갑자기 다시 수녀원으로 가

게 된 팬지의 겁에 질린 모습도, 당신을 알고 나서 내 영혼이 황량해졌다고 울부짖던 마담 멀의 모습도 떠오릅니다. 오스먼드는 이렇게 자기 주변의 여성들을 황폐하게 만드는군요.

그러나 팬지를 수녀원으로 보낸 오스먼드를 향해 직격탄을 날리는 제미니 부인을 보세요. "팬지를 추방시켜놓고 그럴듯한 말을 해대다니. 팬지가 나와 있으면 위험해서 그랬잖아요. 내가 로지에 씨를 좋아하니까. 난 그를 만난 뒤 진실한 사랑을 믿게 되었어요."

제미니 부인이 본격적으로 개입하게 되는 계기를 보세요. 이사벨이 랄프가 위독하다는 전보를 받은 것은 이런 상황에서입니다. 이 전보는 이사벨이 지하감옥으로 묘사하는 오스먼드와의 생활을 탈출할 수 있는 문을 열어준 것인데, 그녀는 나갈 수 있을까요? 전보를 받자, 이사벨은 거침없이 오스먼드의 방으로 가서 영국으로 가겠다고 선언하듯 말해요. 그러나 오스먼드가 침착하고 논리정연하게 반대하는 이유를 말하자, 이사벨의 결심은 흔들립니다.

오스먼드가 반대하는 이유를 들어보세요.

■■■ "난 마음속 깊은 곳으로부터 당신이 지금 하려는 행동을 혐오하오. 그건 불명예스럽소. 그건 천박하오. 그건 부당하오. 당신 사촌은 나에게 아무것도 아니오. 난 그에게 양보할 어떤 의무도 없소. (……)

난 그를 좋아한 적이 결코 없고, 그도 날 좋아했던 적이 없소. 그래서 당신이 그를 좋아하는 거요. 그가 날 증오하니까. (……) 난 우리 결혼을 진지하게 생각하오. 내가 아는 한 우리는 이혼도 별거도 하지 않았소. 우리는 떨어질 수 없이 결합되었소. (……) 그건 우리가 심사숙고하여 만든 것이오. (……) 우리는 우리 행동의 결과를 받아들여야 한다고 나는 생각하오. 그리고 내가 인생에서 가장 가치를 두는 것은 명예요." (446)

"내가 인생에서 가장 가치를 두는 것은 명예이다." 그의 이 말이 우리에게 새삼스럽지는 않아요. 그는 세상의 이목을 성공의 척도로 삼는, 인습 자체이니까요. 문제는 오스먼드의 이 말에 대한 이사벨의 반응이에요. 이사벨은 오스먼드가 어떤 인간인지 알면서도, 팬지에 대한 오스먼드의 행동을 보며 심장이 얼어붙는 듯하면서도, 무엇보다 돈 때문에 오스먼드가 결혼했다는 것을 알고 난 지금도, 결혼이라는 인습을 존중한다는 오스먼드의 말 앞에서 흔들립니다. 전보를 들고 그의 방 안으로 달려갈 때의, 그 거침없던 행동이 주던 기쁨은 오스먼드의 말 앞에서 무력해집니다.

그래요. 어떤 일이 있어도 결혼은 존중되어야 한다는 오스먼드의 말 앞에서 이사벨의 결심은 약해지고 있어요. 이사벨의 능력, 그녀의 에너지, 그녀의 자발적인 기운이 사그라들면서 그녀는 차갑고 어두운 안개가 자기를 집어삼키는 것처럼 느낍니다. 그녀는 처음으로 결혼이 무엇인지 실감하고 있어요. 결혼하면 남편의 의사를 따라야 한다는 것, 자기 의사대로 하는 것은 신성한 제도를 모독하는 것이라는 오스먼드의 말 앞에서 갈등하고 있어요. 이런 이사벨을 보면서 안타까워지는군요.

친구 헨리에타가 따끔하게 이사벨에게 해주던 충고가 새삼 기억나지 않나요? "너, 인생이 로맨스가 아니야. 다른 사람이 널 싫어하는 것을 견딜 줄 알아야 해. 무엇보다 너 자신이 너를 싫어할 수도 있다는 것을 알아야 하고, 그것을 감당해야 해."

제미니 부인이 개입하는 것은 이때입니다. 제미니 부인은 갈등하는 이사벨을 보면서 참지 못해요. "이사벨, 당신은 왜 그리 양심의 가책을 많이 받아요? 웬 이유들이 그리 많고 웬 속박이 그리 많아요?"

거침없는 그녀의 이 지적은 옳아요. 우리도 속이 시원해지지요? 이사벨은 너무 모범생이에요. 이런저런 자기 억압이 많아요. 누구보다 자유를 원하면서도 세상의 눈에 갇혀 있어요. 자, 참지 못한 제미니 부인의 폭로를 들어보세요. 오스먼드와 마담 멀, 두 사람의 비밀에 싸인 관계를 보세요.

두 사람이 처음 만났을 때, 마담 멀은 정체불명의 스위스 남자와 결혼한 상태였고, 오스먼드도 기혼자였어요. 그런데 두 사람 사이에서 팬지가 태어나고 몸이 약했던 오스먼드의 아내는 갑자기 죽고, 얼마 동안 잠적했던 오스먼드는 어린 팬지를 데리고 세상에 다시 나타났어요. 그래서 유럽의 미국인들 사이에서는 오스먼드의 아내가 출산 중에 죽었고, 상심한 오스먼드는 그때까지 은둔했던 것으로 알려졌어요. 범죄의 냄새가 감지되는 그들의 이야기를 들으면서 비로소 이해가 되는 것 같지요? 마담 멀과 오스먼드, 두 사람은 강박적으로 규범을 고수하지 않던가요? 세상을 향한, 교양과 인습의 화신 같던 두 사람의 태도. 그렇습니다. 명예와 규범에 대한 강박은 그들의 수상쩍은 행적과 연결되는군요.

제미니 부인의 폭로는 계속되는군요. 마담 멀과 오스먼드는 옛날 같은 애인 관계는 아니지만 여전히 파트너 관계를 유지한다는 것, 마담 멀이 오스먼드를 위해서 더 많은 일들을 하는데 심지어는 몇 번씩 돈도 마련해주었다는 것 등등……

자, 이사벨은 오스먼드와 마담 멀의 과거에 대해서도 알게 되었어요. 앞에서도 말했듯이 중요한 것은 이런 상황을 깨닫고 난 뒤의 이사벨의 태도예요. 그래요. 이사벨이 비로소 자기와의 대면을 시도하는 것은 이때입니다. 그녀는 결혼 당시의 자신을 찬찬히 되돌아봅니다. 이사벨의 고뇌에 찬 깊은 반성과 성찰을 통해서 비로소 우리는 유산을 상속한 뒤 그녀의 심리가 어떠했었는지, 유산이 어떤 부담을 주었는지, 그 부담이 어떻게 오스먼드와의 결혼으로 이어지게 되었는지를 알게 됩니다.

■■■ 그 여자는 그를 올바르게 읽지 못했다. (……) 그가 가난하고 외롭지만, 그럼에도 불구하고 어딘가 그는 고귀했다. 그 점이 그녀의 관심을 끌었고 그녀에게 기회를 주는 듯했다. 그에게는 설명할 수 없는 아름다움이 있었다. 그의 처지와 그의 마음과 그의 얼굴에 그런 아름다움이 있었다. 동시에 그녀는 그가 속수무책이고 무력하다고 느꼈지만, 그 느낌은 다름 아닌 존경의 꽃, 다정함으로 변했다. 그는 바다 쪽을 바라보지만 아직 바다로 나가지는 못한, 그저 만조를 기다리며 바닷가를 거닐고 있는 회의적인 항해자 같았다. 이 모든 것 속에서 그녀는 자기의 기회를 발견했다. 그녀는 그를 위해 그의 배를 띄울 것이었다. 그녀는 그의 섭리가 될 것이었다. (357-358)

이사벨은 자기의 결혼이 잘못되었다는 것을 깨닫고 있으며 혼돈스러워하고 있어요. 그러면서도 이사벨은 자기 스스로 선택했음을 인정하면서 당시를 떠올리고 있어요. 이사벨은 예술적 심미안을 가진 오스먼드가 어린 딸과 함께 가난하지만 고고하게 사는 모습을 보고 모성적인 감정을 갖게 되었다고 회상합니다. 또 바닷가에서 기약 없는 기회를 기다리는 듯한 오스먼드 앞에 자신이 홀연히 나타나 그의 배를 바다 한가운데로 띄워주게 되면, 그렇게 되면, 이사벨은 오스먼드에게, 그래요, 신의 섭리와도 같은 역할을 하게 될 것으로 믿고 있었어요.

자, 이사벨이 당시의 자신의 상태를 냉정하게 바라보는 것을 보세요. 이사벨은 오스먼드와의 결혼에서 자기 몫의 책임을 인정하고 있어요. 오스먼드가 이사벨의 돈 때문에 결혼했다면, 이사벨은 노력 없이 받게 된 유산이 풍기는 천박함을 없애기 위해 그와 결혼했으니까요. 그리고 오스먼드의 결핍된 삶에서 베푸는 자, 제공하는 자가 되고 싶었고요.

보세요. 이사벨은 자기의 책임을 인정하는데, 이런 태도는 어디에서 올까요? 이사벨의 자기 존중감에서 오지 않을까요? 이사벨은 자신의 결혼에 대한 책임을 인정함으로써 스스로를 계략에 넘어간 눈 먼 희생자의 위치에서 구하는 것이에요.

자, 새삼 랄프에 대해 생각하게 되지 않습니까? 랄프는 이사벨에게 잘못을 저질렀군요. 그런가요? 그는 자기 생각만 했나요? 이사벨이 돈 때문에 결혼해버리지 않도록, 비상하는 그녀의 모습을 보고 싶어서 날개를 달아주었는데, 이런 결과를 가져왔으니까요. 그러나 아직 이사벨은 랄프가 유산을 준 것을 모르고 있어요. 곧 이 사실도 알게 될 것입니다.

랄프가 유산을 준 것, 이 사실을 누가 이사벨에게 알려줄까요? 그렇지요. 마담 멀의 역할은 이사벨의 인생에서 결정적이었잖아요. 이제 마담 멀이 확실하게 자기의 패를 던지게 될 것이에요. 그런 뒤 퇴장할 것이에요. 보세요.

이사벨은 영국으로 떠나기 전에 수녀원으로 팬지를 만나러 가고 거기서 마담 멀을 만납니다. 이사벨이 팬지를 만나러 가는 것은 그녀가 다시 로마로 돌아오는 행동과 연결되는 의미를 갖게 되므로 주목하시기 바랍니다.

이사벨과 마담 멀의 마지막 대면을 볼까요? 이사벨이 자신에 관해 알게 된 것을 아직 모르는 마담 멀은 어색하게 팬지를 만나러 온 이유를 말하는군요. 팬지가 외로울 것 같아서 잠깐 들렀는데, 팬지를 보고 나니 행복하다, 라는 마담 멀의 말을 들으며, 이사벨은 그 여자에게 연민을 느끼게 됩니다. 자신의 사회적인 체면과 야심을 위해 딸을 외면했지만, 그러나 포기할 수 없는 것이지요. 그러면서도 그녀는 팬지를 자신의 좌절된 삶을 보상하기 위한 도구로 삼으려고 했어요. 지금 그 여자 옆에는 아무도 없는 것 같군요. 아무것도 모르는 팬지조차도 그녀를 무서워하니까요.

이 장면을 보세요. 이사벨이 팬지와 오스먼드와 자기의 관계를 알게 되었다는 것을 느낀 순간, 이 세상에서 가장 침착한 마담 멀도 흔들리는군요. 이사벨은 그 앞에서 자기가 사악한 말들을 쏟아낼까봐 두렵군요. 이때 이사벨의 내면의 소용돌이를 보세요. 그러나 이사벨은 자신의 감정을 누릅니다. 이사벨은 자신이 입을 다물어서 마담 멀에게 변명할 기회를 주지 않는 것만이 최대의 복수라고 여깁니다.

이런 이사벨의 모습을 보면서 어떤 생각을 하게 됩니까? 이사벨다운, 숙녀다운 행동이라고 생각합니까, 아니면 자신을 억제하는 그녀가 안타깝기도 합니까? 이사벨은 결혼 후, 아무에게도, 심지어 자기 자신에게도, 정직하게 감정을 털어놓은 적이 없지 않습니까? 랄프의 말을 빌리자면, 이사벨은 가면을 쓴 듯, 누군가를 대변하듯, 광고하듯, 자기를 철저히 감추고 살지 않았습니까? 이 순간에도 이사벨은 울부짖으며 분노하려는 또 다른 자신을 통제하지 않나요? 극심한 자기 억제, 이것이 언제까지 가능할까요?

이사벨은 언제, 누구에게, 자기의 감정을 정직하게 인정할 수 있을까요? 그래서 위로받고 다시 기운을 차릴 수 있을까요? 그녀가 가든코트에 가서 랄프를 만나면 가능해질까요? 이 질문을 하면서, 자, 마담 멀의 결정적인 말을 들어보세요.

"당신은 아직 모르지요? 누가 당신을 부자로 만들었는지. 랄프예요. 당신은 그의 엄청난 유산을 받았기 때문에 최고의 결혼 후보자가 된 거고. 당신이 고마워해야 할 사람은 랄프예요." 마담 멀은 이렇게 이사벨의 삶에서 퇴장하면서 마지막 홈런을 날리는군요. 당신이 고마워해야 할 사람은 랄프다, 이렇게 말하며 마담 멀은 자신을 변명하고 있는 것일까요? 이사벨, 너의 운명을 만든 것은 랄프다, 라고 말함으로써 자신은 중간 개입자일 뿐이라고 말하는 건가요?

그래요. 이사벨의 현재의 불행은 유산과 직결되어 있음을 우리는 알아요. 유산으로 인한 심리적 부담이 있었고, 그 유산을 고상하게 쓰는 시혜자가 되고자 했던 그런 상황에서 오스먼드가 등장한 것을 이사벨 스스로 인정했어요. 그렇다면 누가 가해자인지 누가 피해자인지 그 경계가 모호해집니다. 두 역할이 뒤바뀌는 듯도 합니다. 그러나 이사벨은 명확하게 답하지요. 내가 고마워해야 할 사람은 당신이다. 그렇습니다. 마담 멀은 자신의 야심을 위해 이사벨의 순수와 신뢰를 이용하고 그녀의 삶에 타격을 가했어요. 이사벨의 이 대답은 작가의 대답이기도 합니다. 작가는 마담 멀의 행동에 대한 도덕적 단죄를 분명하게 내리고 있습니다.

이 장면을 읽으면서 생각하게 됩니다. 우리를 시험에 들게 하고 고통에 빠뜨리는 자가 동시에 우리를 성숙하게 하는가. 마담 멀은 이사벨을 덫에 걸리게 하고, 동시에 이사벨의 눈을 뜨게 했어요. 그렇다면 이사벨의 삶에서 마담 멀은 누구인가요? 죄인인가요, 은인인가요?

우리의 관심은 이사벨이 주저앉아버리는지, 아니면 시련을 통해 강해지면서도 순수를 잃지 않는지입니다. 이는 이사벨을 위해서일 뿐만 아니라, 마담 멀이 행한 악에 대한 판단이기도 해요. 이사벨이 쓰러지지 않아야 마담 멀의 의도가 무산되는 것이니까요. 이를 위해서는 이사벨의 내면의 힘이 있어야 하는데 그 힘은 어디서 오는지요? 이사벨의 긍정적이고 낙관적 성향에서 오는 것은 아닐까요? 삶에 대한 무조건의 사랑에서 오는 것이 아닐까요? 자, 계속합시다.

영국으로 혼자 떠나는 이사벨에게 팬지가 말합니다. "날 여기 버려두지 않겠지요? 다시 돌아올 거지요?" 이 소리는 여기서 날 구해줄 사람은, 이사벨 당신밖에 없다는 절규처럼 들려요.

■■■ "돌아오지 않을 거지요?"

"그럴지도 모르지. 잘 모르겠어."

"아, 오스먼드 부인, 저를 버리지 마세요! (……) 저는 무서워요."

"무엇이 무섭니?"

"아빠가 무서워요. 그리고 마담 멀도. 전 마담 멀이 싫어요. (……) 전 그들이 원하는 건 뭐든지 하겠어요. 당신이 여기 있으면 좀더 수월할 거예요."

이사벨은 생각에 잠기더니 마침내 입을 열었다. "난 너를 버리지 않을 거야. 잘 있어, 내 아이."

그런 뒤 그들은 두 자매처럼 조용히 포옹한 채 서로를 붙들고 있었다. (462)

이 장면을 읽으며 무엇을 느끼게 되나요? 두 자매처럼 포옹한 채 서로를 붙들고 있는 그들의 모습은, 오스먼드라는 막강한 가부장적 권위 앞에서 두려워하는, 그러나 서로 의지하고 격려하는 것 같지 않나요? 우리는 오스먼드라는 허망하기 짝이 없는, 오만과 독선에 가득 찬 남자가 자신은 물론이고 주위의 여성들을 어떻게 도구로 만들고 황폐하게 만드는지를 생각하게 됩니다. 마담 멀을 더 이상 울부짖을 수 없게 만들었고, 이사벨의 생기를 시들어버리게 하고, 어린 팬지를 두려움 속에 굴복하게 했지요. 작가는 그렇다면 이 냉소적이고 세속적인 부권에 대해 무엇을 말하고 싶은 걸까요? 이 질문은 이사벨의 이야기가 일단락될 때까지 계속 남아 있을 거예요. 수녀원을 나오는 이사벨을 향해 계단 위에 서서 팬지는 다시 한번 외치지요. "돌아올 거지요?" "그래, 돌아올 거야." 두 사람의 이 대화는 이사벨이 다시 로마로 돌아오는 이유를 설명하는 데 도움이 될 것입니다.

# 제8강

우리는 이사벨이 처음 가든코트에 나타났던 그 아름다운 오후를 기억합니다. 그때 그곳에 있던 사람들, 터체트 씨, 워버튼 경, 랄프도 기억합니다. 또 이사벨이 두 눈을 크게 뜨고 나무들과 잔디를, 사람들을 바라보던 모습을 기억합니다. 그렇지요. 이사벨은 인생에 대한 열망으로 가득 차서 신대륙을 떠나 영국 교외의 저택에 들어왔었지요.

우리는 또 기억해요. 유령이 보고 싶다는 이사벨의 말에 랄프가 대답했었지요. 젊고 행복한 사람은 유령을 볼 수 없다. 유령은 고통을 겪은 사람에게만 보인다. 난 당신이 유령을 볼 수 없기를 바란다……

자, 이제 이사벨은 다시 가든코트로 돌아갑니다. 마치 상처

입은 이들이 혼돈 속에서 집으로 돌아가는 것과 같다고 할까요? 우리는 왜 집으로 돌아갑니까? 임종을 앞둔 랄프와의 대면이 이사벨에게 새로운 힘을 줄까요? 두 사람이 서로 정직해지면서 이사벨은 자신과도 대면할 수 있을까요? 이사벨은 유령을 볼 수 있을까요?

가든코트, 작가는 이곳이 결혼 전의 이사벨에게 휴식처였다면 지금의 그녀에게는 피난처일 거라고 말합니다. 이사벨은 무엇으로부터 도망쳐서 이곳으로 오는 것일까요? 그렇지요. 오스먼드와 마담 멀이 대변하는 위선과 사악함, 오만으로 가득 찬 현실로부터 벗어나는 것이지요.

가든코트로 가는 동안 이사벨은 내내 혼돈과 당혹감과 절망 속을 헤매는군요. 이사벨의 의식 또는 무의식 속으로 무수한 이미지들이, 생각의 파편들이 떠올랐다 사라지는군요. 패가 모자라는 카드들, 감추어진 관계들, 숨은 의도들. 그것들이 불러일으키는 끔찍하고 무서운 느낌들. 이런 것들이 이사벨의 눈앞에 거대한 건축물처럼 솟구치기도 합니다. 그녀가 무심하게 지나쳤던 사소하고 작은 일들이 엄청난 진실과 이어져 있었다는 것을 새삼 알게 됩니다. 이런 소용돌이에 휩쓸려 그녀는 몸서리치면서 모든 것은 끝났고, 후회할 것도 없다고 생각합니다.

이런 식으로 이사벨은 깊은 무력감에 빠지지만, 그러나 우리는 이사벨의 생에 대한 열망을 알고 있어요. 그래서 기다리고 있어요.

우리의 기다림은 옳았어요. 여행이 계속되면서, 창밖의 풍경들을 스쳐가면서, 혼돈과 무기력에서 깨어나는 이사벨을 보세요.

■■■ 그녀는 여전히 앞으로 삶을 살아갈 여자의 태도로 먼 미래의 자신을 보았다. 그리고 이런 암시들은 현재의 기분과는 상반되는 것이었다. (……) 그녀의 깊은 곳, 포기하고 싶은 어떤 마음보다 더 깊은 곳에는 삶이 앞으로 오랫동안 그녀의 일이 될 것이라는 느낌이 있었다. 그리고 순간순간, 그 확인 속에는 가슴 뛰는, 생기가 솟구치는 듯한 무엇인가가 있었다. 그것은 힘의 증거였다. 그것은 그녀가 언젠가는 다시 행복해져야 한다는 증거였다. (466)

보세요. 그 여자의 영혼 깊은 곳에서, 포기보다는 삶이 계속될 것이라는 믿음이 생겨요. 이 믿음 속에는 생기 차고 희망적인 느낌이 있어요. 그녀는 여전히 젊고, 그녀에게 앞으로 멋진 일들이 얼마든지 일어날 수 있어요. 그래요. 이사벨은 자신의 행복의 가능성에 대해 확신하고 있어요.

이런 이사벨을 보면서 생각나는 게 있어요. 이사벨이 유산을 받기 전, 마담 멀이 말했었지요. 삶이 당신을 거칠게 다루더라도 당신은 깨지지 않을 거라고. 또 있어요. 이사벨이 유산을 탐내는 자들의 희생양이 될 수 있다고 염려하는 아버지에게 랄프가 말했었지요. 그렇다 하더라도 그 일이 이사벨에게 치명적이지는 않을 것이라고. 그렇다면 이들은 이사벨의 삶에 대한 열정을, 의지를 믿었던 게 아닐까요? 절망 속에서도 이사벨이 삶에 대한 기대를 추스르는 것을 보면서, 그들이 옳았다고 느끼게 됩니다. 이사벨은 오스먼드와 마담 멀의 실체를 알게 된 최악의 상황에서도 자신에 대한 신뢰와 생에 대한 기대를 저버리지 않는 듯하니까요.

이사벨과 임종을 앞둔 랄프의 마지막 대면을 이런 맥락에서 살펴봅시다. 두 사람의 만남에서 지금까지와는 다른 이사벨의 모습을 봅니다. 이사벨은 랄프에게 울면서 자신의 감정을 토로하는군요. 랄프는 다 알고 있던 것들, 오스먼드와의 불행한 결혼, 오스먼드가 자기와 결혼한 이유가 돈이었다는 것도 인정하는군요. 그리고 자신이 솔직하게 말하는 것은 랄프에게 상처주기 위해서가 아니라 그가 이사벨 자신을 이해해주길 바라기 때문이라고 합니다.

그러자 랄프가 이사벨에게 말하지요. 당신은 자신의 방식대로 살려고 했기 때문에 오스먼드라는 인습에 갇히게 되었다고. 그러나 당신은 아직 젊고 무엇보다 당신이 저지른 실수는 당신에게 치명적인 타격을 주지는 않을 것이라고. 그래요. 이 말에 동의할 수 있는 것은 가든코트로 오는 동안 이사벨이 보여주었던 모습 때문이지요. 그렇군요. 이사벨은 랄프에게 진실을 말함으로써 자신에게도 정직해지는군요. 그리고 이는 자신을 위로하는 것이기도 합니다.

랄프 또한 이때 비로소 이사벨에게 그리고 자신에게 정직해지는 것을 보세요. 그는 유산이 이사벨의 불행을 가져왔음을 인정해요. 그러면서 이사벨이 비상하는 모습을 보고 싶었던 자신의 욕망, 그것도 이기심이었다고 절규합니다.

자, 우리는 생각해보지 않을 수가 없군요. 마담 멀과 오스먼드는 이사벨을 도구로 사용하려 했어요. 그러나 이사벨 스스로 인정했듯이, 그녀 역시 어느 면에서는 오스먼드를 이용하려고 했었지요. 자기 유산의 천박성을 없애기 위해서였지요. 그런데 랄프도 고백하지 않습니까? 유산을 준 것은 자기의 이기심 때문이었다고. 자, 여기서 작가는 인간관계 속에 내재하고 있는 이 깊은 슬픔, 서로를 물화시키는 이 요소를 암시하고 있지 않나요?

하여간에, 보세요. 이렇게 두 사람은 외면했던 것들을 다 인정함으로써 서로 화해하고 있지 않습니까? 그래서 두 사람의 대면은 그들 자신과의 대면이고 자신과의 화해이기도 합니다. 가든코트는 과연 이사벨에게 집과 같은 곳이군요. 이제 이사벨은 유령도 볼 수 있을까요? 고통을 겪어내고 여전히 삶을 긍정하고 있으니까요. 그래요. 이러한 그녀의 능력과 힘이, 작가가 이사벨을 사랑하는 이유가 아닌가 생각하게 됩니다. 랄프의 말이 이를 뒷받침하는 듯해요. "이사벨, 잊지 말아요. 누군가가 당신을 미워했다 해도, 누군가는 당신을 사랑하고 흠모했어요."

이제 소설은 끝나야 할 듯한데, 아닙니다. 작가는 이사벨과의 작별을 원하지 않는 것 같아요. 하고 싶은 말이 더 있나요? 아, 팬지와의 약속이 남았군요. 그렇다면 이사벨이 로마로 갑자기 돌아갈 사건이 있어야겠지요. 굿우드가 다시 등장하는군요. 굿우드는 가든코트에 나타나서 이사벨에게 열렬하게 구혼하며 말합니다. 핵심은 이래요. 이사벨, 난 당신이 불행한 거 다 알아요. 당신 남편이 세상에서 제일 흉악한 인간인 것도 알아요. 당신은 이제 오갈 데가 없어요. 하늘 아래 달랑 혼자예요. 랄프가 당신을 내게 부탁했어요. 제발 이제 내 손을 뿌리치지 말아요. 온 세상이 우리 앞에 놓여 있어요. 우리를 막을 수 있는 것은 아무것도 없어요.

자, 어떠세요? 무슨 생각이 듭니까? 두 가지 생각이 나네요. 하나는 굿우드가 대변하는 미국의 거침없는 진취성과 낙관. 또 하나는 가부장적인 강력한 보호 본능과 패권 의지. 그러면서 동시에 그가 말하는 것처럼 이사벨이 오갈 데 없는, 속수무책의 상태에 있는지 의아해집니다. 그의 이 말은 지금까지 우리가 살펴본 이사벨의 모습을 간과하고 있어요. 이사벨은 고통을 통해 자신이 누구인지 알게 되었고, 삶에 대한 의지, 행복에 대한 갈망을 확인했어요. 이사벨은 절망적인 시기를 거치며 더욱 강해진 거죠. 이렇게 생각하면, 굿우드의 이 절실한 구혼을 받고 이사벨이 황급히 로마로 돌아간 것이 이해됩니다. 그에게서 뿜어져 나오는 강렬한 보호 본능은 소유의 다른 모습이기도 하니까요.

자, 이사벨은 왜 로마로 돌아갔나요? 이사벨은 굿우드의 저돌적인 열정에 놀라 일단 그를 피해버린 걸까요? 오갈 데 없어졌으니 내게로 오라, 는 그의 말이 그녀의 자존심을 건드린 것일까요? 또는 굿우드의 재등장으로 이사벨은 다시 돌아오겠다고 했던 팬지와의 약속을 확인하게 된 걸까요? 그렇다면 말이지요, 이사벨이 로마로 떠났다는 것에, 그것 이상의 의미를 부여하지 말아야 할 듯합니다. 아니면 이사벨은 굿우드의 등장으로 결혼이라는 인습을 더 의식하게 된 것일까요? 오스먼드의 말, 우리는 세상 앞에서 결혼한 부부다, 그 신성한 약속을 지켜야 한다, 라는 말을 거역할 수 없다고 생각했을까요?

또는 이렇게 생각해볼 수도 있겠습니다. 이사벨이 오스먼드에게 돌아간다 해도, 그것을 인습에 대한 복종이라는 맥락으로만 봐서는 안 된다는 것이지요. 이는 이사벨의 고통과 깨달음에 대한 정당한 평가가 아니기 때문이지요. 오히려 이사벨다운 결정이라고 생각할 수도 있어요. 젊은 패기와 열정으로 자신의 방식대로 살아보려고 했던 것이 이사벨의 선택이었어요. 그는 잘못된 선택을 했지만, 이에 대해 다른 사람을 비난하지만은 않아요. 고통스러운 성찰을 통해 자기 몫의 책임을 인정하고 스스로의 존엄성을 지키는 모습을 보여주었어요. 그러므로 그가 오스먼드에게 돌아가는 것은 자기 행동에 대한 책임을 인정하는 것이라고 생각할 수 있어요. 그래요. 많은 독자들이 이 의견에 동의합니다.

그렇다면 결혼에 얽힌 음모를 알기 전과 알고 난 후의 이사벨의 차이는 무엇인가요? 이사벨에게 어떤 변화가 생긴 것인가요? 그래요. 그것은 의식의 변화와 상관있어요. 이것이 핵심입니다.

별거 또는 이혼이라는 눈에 드러나는 행동이 아니라 이사벨은 의식의 변화를 거쳤어요. 그래서 맹목에서 벗어났어요. 어려운 경험을 거치면서도 생에 대해 여전히 낙관적이며 긍정적입니다. 황폐해지지 않았어요. 그래서 그녀의 변화된 의식이, 보이지 않는 것을 볼 수 있게 된 그녀의 개안이, 오스먼드와의 관계에서도 변화를 가져올 수 있는 동인이 될 것이라는 기대를 하게 만듭니다. 이 부분은 마지막 강의에서 좀더 논의하기로 하지요.

# 강의를 마치며

자, 이제 이 소설을 끝내는군요. 여러분의 머릿속으로, 가슴속으로, 어떤 감정들이, 질문들이 지나갔는지요? 여러분이 대면한 성찰들, 질문들은 여러분 속에서 함께 자랄 것이에요. 그러다가 어느 지점에서 문득 그런 질문들에 대한 대답이 떠오르기도 할 거예요. 그런 질문들과 해답들은 여러분에게 귀한, 무엇과도 바꿀 수 없는 자산이 될 것이라 믿어요.

자, 작가가 이사벨을 통해서 말하고자 했던 것이 무엇인지 다시 생각해봅시다. 작가는 삶에 대한 갈망과 기대로 가득 찬 이사벨을 다음과 같은 상황 속에 등장시켰어요. 이사벨이 신대륙의 처녀라는 것, 부모가 없다는 것, 그녀가 살아갈 시대가 19세기 말, 현모양처 이데올로기가 지배적이지만 한편으로는 신

여성도 등장하던 전환기라는 것. 이런 설정들을 통해 이사벨이 계급 개념으로부터, 부모가 대변하는 기존 가치로부터 자유로우며, 자기만의 삶을 갈망하는 여성임을 보여주었어요. 그러면서 삶에 대한 호기심으로 가득 찬 그녀를 경험과 역사의 공간 유럽으로 안내한 것이지요.

그곳에서 이사벨은 다양한 인물들을 만났어요. 젊은 영국 귀족도 만났어요. 미국인 청년 사업가도 그녀 앞에 계속 나타났어요. 그리고 도덕적으로 성실하고 성공한 미국인 은행가와, 영미 대륙의 최고 교육을 받았으나 병 때문에 삶에서 물러난 그의 아들도 만났어요. 동시에 유럽에서 망명객으로 살아가는 미국인들도 만났어요. 이런 인물들을 통해서 작가는 유럽인과 미국인의 대비를 보여주지요. 젊은 영국 귀족을 통해서는 현대 사회에서 갈등하는 귀족 계층의 단면을 보여주고, 미국의 젊은 사업가를 통해서는 팽창을 앞둔 신생국의 힘과 가능성을 보여줍니다. 확실한 생업 없이 골동품을 모으면서 살아가는 마담 멀과 오스먼드를 통해서는 변방인들의 도덕적인 불투명성을 보여줍니다.

이사벨이 원하는 것은 자기만의 삶을 살고 싶다는 것이지요. 인습에 순응하는 것이 아니라 자유와 독립을 추구하고 싶어하는 것이지요. 그녀의 이런 소망은 그녀가 워버튼 경과 굿우드의 구혼을 거절하는 것으로 나타났어요. 그러나 자기만의 삶을 살기 위해, 자신의 자유와 독립을 지키기 위해, 그녀에게, 우리에게 필요한 조건은 무엇인가요? 그렇습니다. 자기 일을 통해 사회적 · 경제적 독립은 물론이고 자기 존중감과 만족감도 얻어야 하는 것이지요. 이사벨의 친구 여성 저널리스트 헨리에타가 그런 인물로 그려집니다. 그러나 이사벨은 일을 할 수 있는 교육도 받지 않았고 전문적인 기술도 없어요. 다시 말해 이사벨은 가정 이데올로기가 지배하던 시대의 중산층 젊은 여성입니다. 그래서 작가는 하나의 장치를 제공하는 것이지요. 이사벨이 돈 때문에 결혼하는 경우가 없도록, 자기만의 삶을 살 수 있도록, 랄프로 하여금 유산 상속을 하도록 했어요. 총명하고 열정적인 이사벨이 자유와 독립을 추구할 수 있도록 말이지요. 비상할 수 있도록 말이지요.

그러나 우리가 본 대로, 이사벨은 그녀에게 자유를 가져다줄 유산이 주어지자, 두렵고 부담을 느끼지요. 이사벨은 가난한 오스먼드와 결혼함으로써 노력 없이 받은 유산의 부담을 베푸는 자의 자부심으로 바꾸려고 했어요. 이 과정에서 마담 멀과 오스먼드를 통해 변방인이라는 그들의 사회적 위치가 도덕적 기만과 위선으로 연결되는 것을 보았어요. 이런 이사벨을 보면서, 그래요, 우리는 새삼 자유란 그것을 향해 스스로 노력해가는 과정 자체임을 인정하게 됩니다.

이사벨의 결혼과 그 이후의 삶을 통해 헨리 제임스는 인물들의 의식의 움직임을 그들의 사회적 상황과 연결시켜 보여주었어요. 특히 그의 심리 묘사의 정교함은 결혼 이후의 이사벨의 의식의 변화를 추적하는 데 잘 나타나요. 우리가 보았듯이, 이사벨은 오스먼드와 마담 멀의 실체를 알고 나서도 결정적인 행동을 취하지 않아요. 이사벨은 오스먼드와 별거하지도 않고 이혼하지도 않아요. 물론 그 당시 별거와 이혼은 대단히 어려운 일이지요. 그러나 작가는 눈을 뜨고 난 뒤의 이사벨의 깊은 의식의 미세한 움직임까지 보여줍니다. 그가 강조하는 것은 이사벨의 의식의 변화인 것이지요.

이 부분에 주목합시다. 19세기, 산업화가 진행되고 남성과 여성의 영역이 사회와 가정으로 양분되던 시대, 이런 시기에 전문 교육을 받지 않은 여성들이, 그러면서도 전통적인 가치관을 내재화하지 않고 자신만의 삶을 살고자 했던 여성들이 할 수 있는 일은 무엇일까요? 이런 질문은 그 당시 미국의 여성 작가들도 천착했던 것이지요. 샬롯 길먼Charlotte P. Gilman의 짧은 소설, 「노란 벽지The Yellow Wallpaper」를 보세요. 주인공은 남편과 사랑스런 아이를 둔 중산층 주부예요. 그러나 이 여자는 무기력증으로 고통 받고 있어요. 의사인 남편조차 증세를 정확히 파악할 수 없어요. 그는 자기 부인을 경치 좋은 외딴 곳으로 휴양 보내지만, 여자에게 필요한 것은 하고 싶은 일을 하는 활기찬 삶이에요. 그녀는 남편을 설득하기도 하고 몰래 글을 쓰기도 합니다. 그러나 그녀의 간청은 묵살되고, 일로부터, 활력으로부터, 그리고 자기 자신으로부터 소외된 이 여성은 결국 광기로 내몰리지요.

또 다른 19세기 미국 여성 작가, 케이트 쇼핀Kate Chopin도 소설 『각성The Awakening』에서 이와 유사한 문제를 제기하고 있어요. 그녀의 주인공 역시 남들이 부러워하는 상류층 가정주부입니다. 그러나 그 여자는 자신을 새장 안에 갇힌 새와 같은 상태로 인식해요. 남성 의사들은 말하지요. "여자들은 우리가 이해할 수 없는 행동을 하지요. 그런 상태는 일시적이니 곧 지나갈 것입니다." 그러나 주인공의 상태는 나아지지 않아요. 여자는 손에서 결혼반지를 빼서 바닥에 던지면서 자유를 갈망하지요. 그 여자는 길먼의 주인공보다는 한 발 더 나아갑니다. 그녀는 남편의 저택에서 나와 작은 집으로 이사를 하고, 자기가 원하는 그림도 그리고, 젊은 애인도 만나요. 그러나 세상의 눈에서 벗어날 수가 없어요. 그녀는 인습의 옷을 벗고 광막한 바다 한가운데로 사라져버립니다. 갇혔던 새가 비상하듯 말이에요.

두 여성 작가, 길먼과 쇼핀의 주인공들은 중산층 여성의 삶에 안주할 수 없었어요. 그들은 자기들의 일을 하면서, 자기들이 주체가 되는 삶을 원했어요. 그러나 그들이 숨 쉴 수 있는 대안 공간이 그들이 살고 있던 시대에는 쉽지 않았어요. 그래서 한 사람은 광기로, 또 한 사람은 자살로 출구를 찾았어요. 그러나 19세기는 자기만의 삶의 방식을 추구하는 여성들이 등장하는 시기이기도 했어요. 이 혼돈기의, 전환기의 양상이 이들 여성 작가들이 보여주는 갈등하는 여성들의 삶으로 나타나고 있었던 것이지요.

두 여성 작가들, 길먼과 쇼핀의 인물들이 광기와 죽음으로 출구를 찾았다면, 헨리 제임스의 주인공 이사벨은 의식의 변화로 출구를 찾는 듯해요. 다시 말해 작가는 이사벨의 의식의 변화를 인습의 대안으로 제시하는 듯해요. 이것이 중요합니다. 오스먼드는 인습 자체예요. 그런데 의식의 변화로 무장한 이사벨이, 자유와 독립을 갈망하는 이사벨이 그에게 다시 돌아간다면, 이는 그녀가 인습과 마주 서는 것이지요. 정면대결하는 것이지요. 절묘한 설정입니다.

보세요. 이 소설에서 인습은, 기존 질서는 이미 수세에 몰리고 있어요. 오스먼드의 권위는 위태로워 보여요. 팬지에 의해, 제미니 부인에 의해, 마담 멀에 의해, 그의 오만과 독선은 도전받았어요. 무엇보다 이사벨은 그를 무서워하지 않아요. 그런데 이제 의식의 변화로 단단해진 이사벨이 그와 마주 섭니다.

그래요. 이 소설에서 오스먼드 외에도 인습과 주류 질서를 이루는 남성 인물들은 흔들리는 모습으로 그려지고 있어요. 영원히 계속될 듯한 여름 오후, 그러나 잔디 위에 드리운 긴 그림자들을 우리는 놓치지 않았어요. 터체트 씨와 랄프는 병들었고 죽었어요. 워버튼 경은 자기가 누구인지 혼돈스러워하고, 굿우드의 추진력조차도 이사벨에 의해 좌절되지 않습니까?

균열을 초래하는 힘. 그래요. 이사벨을 통해 보여주는 개인의 의식 변화는 막강해 보이는 부권과 제도가 완벽하지 않다는 것을 보여줍니다. 이는 기존 체제와 중심 세력이 획일화되고 경직되어서는 안 된다는 것을 말하는 것이지요. 개인들의 변화된 의식이 기득권자, 순응주의자들을 머뭇거리게 하고 자기 삶의 방식을 되돌아보게 합니다. 그렇습니다. 19세기의 한쪽에서는 변화가 일어나고 있고, 작가는 그 새로운 흐름을 이사벨이라는 젊고 자유롭고 생의 기쁨을 만끽할 줄 아는 여성을 통해 보여주고 있는 것이지요. 두 손 놓고 앉아 우아하게 기다리는 당시 여성의 규범과는 상관없이 자기만의 삶을 살고 싶었던 이사벨. 그래요. 그 여자의 규범을 개의치 않는 생에 대한 열정이 대안적 가능성으로 이어지는 것은 아닐까요? 그것이 젊음의 특권이고 의무이기도 하지 않을까요? 이사벨은 굴곡을 거치면서, 대가를 치르면서, 자신에 대해, 삶에 대해, 눈뜨고 있어요. 낙천성과 삶에 대한 열망을 잃지도 않아요. 비로소 그녀의 단순함과 순진함이 성숙해지는 것이지요. 그리고 바로 이런 이유로 작가는 이사벨을 통해 미국적인 특징을 인정하는 것이고요.

자, 여기서 멈추기로 하지요. 그러면서 이 질문을 강조합시다. 성찰의 힘이, 의식의 변화가 우리 자신을, 우리가 사는 세상을 변화시킬 수 있을까요? 작가는 그렇다고 말하는 듯해요. 개인 의식이 변해야 제도와 관습이 변하고, 그래야 인간 사이의 권력 관계도 변하는 것이라고 말하는 듯해요. 그렇다면 개인 의식의 변화와 세상의 변화, 그 연결 고리는 무엇일까요? 이것이 이사벨이 우리에게 주는 과제라고 생각됩니다. 이렇게 보면, 헨리 제임스는 이 소설에서 상당히 명료한 여성주의 시각을 보여주기도 하는군요. 이사벨의 의식의 변화라는 출구를 통해 새 질서의 출현을 예시하고 있는 듯하니까요. 흥미롭군요. 자, 여러분, 또 만납시다. 안녕.

The Portrait of a Lady

# 작가 연보

1843 4월 15일, 뉴욕에서 출생하다.

1845-55 어린 시절을 뉴욕에서 보내다.

1855-58 제네바, 런던, 파리 등지에서 사숙하다.

1858 로드아일랜드 주 뉴포트에 거주하다.

1861 소방관을 돕던 중 척추 부상을 입다.

1862-63 하버드 법과대학에 재학하다.

1864 보스턴으로 이사하다. 최초의 단편 「실수의 비극A Tragedy of Error」을 발표하다.

1869-70 영국, 프랑스, 스위스, 이탈리아 등지로 여행하다. 사촌 미니 템플이 사망하다.

1871 최초의 소설 『파수꾼Watch and Ward』을 발표하다.

1875 파리에서 투르게네프, 플로베르, 졸라, 도데 등을 만나다. 「열정적 순례자A Passionate Pilgrim」, 『대서양 횡단 스케치

Transatlantic Sketches』, 『로데릭 허드슨Roderick Hudson』 등을 발표하다.

1877 『미국인The American』을 발표하다.

1878 「데이지 밀러Daisy Miller」, 『프랑스 문인들French Poets and Novelists』, 『유럽인들The Europeans』을 발표하다.

1879 평전 『호손Hawthorne』을 발표하다.

1880 『워싱턴 광장Washington Square』을 발표하다.

1881 『여인의 초상The Portrait of a Lady』을 발표하다.

1882-83 양친이 별세하다.

1884 『프랑스 탐방A Little Tour in France』을 발표하다.

1886 『보스턴 사람들The Bostonians』, 『카사마시마 공주The Princess Casamassima』를 발표하다.

1888 『반향The Reverberator』, 『에스펀 문서The Aspern Papers』를 발표하다.

1890 『비극적인 뮤즈The Tragic Muse』를 발표하다.

1892 여동생 엘리스가 사망하다.

1897 영국 라이Rye에서 램 하우스Lamb House 저택을 구입하다. 『포인턴의 전리품들The Spoils of Poynton』, 『메이지의 자각What Maisie Knew』을 발표하다.

1898 「나사의 회전The Turn of the Screw」을 발표하다.

1899 『사춘기The Awkward Age』를 발표하다.

1901 『신성한 샘The Sacred Fount』을 발표하다.

1902 『비둘기의 날개The Wings of the Dove』를 발표하다.

1903 『대사들The Ambassadors』, 『윌리엄 웨트모어 스토리와

그의 친구들William Wetmore Story and His Friends』을 발표하다.

1904 21년 만에 미국으로 돌아오다. 『황금 주발The Golden Bowl』을 발표하다.

1905 뉴욕, 필라델피아, 워싱턴, 플로리다, 시카고, 캘리포니아 등지를 방문하다. 『발자크의 교훈The Lesson of Balzac』, 『영국 기행English Hours』을 발표하다.

1907 『미국 기행The American Scene』을 발표하다. 뉴욕판 작품 선집에 착수하다.

1909 『이탈리아 기행Italian Hours』을 발표하다.

1910 형 윌리엄이 사망하다.

1911 하버드 대학교에서 명예학위를 받다.

1912 옥스퍼드 대학교에서 명예학위를 받다.

1915 영국으로 귀화하다.

1916 영국 조지 5세로부터 명예훈장을 받다. 2월 28일 런던 첼시에서 73세를 일기로 사망하다. 미국 매사추세츠 주 케임브리지의 가족 묘지에 안장되다.

1917 미완성 유작 『상아탑The Ivory Tower』, 『과거의 감각The Sense of the Past』, 『중년기The Middle Years』가 발간되다.

서숙 교수의 영미소설 특강 4

# 여인의 초상

**펴낸날** 1판 1쇄 2011년 7월 28일 | **지은이** 서숙
**펴낸이** 최민숙 | **펴낸곳** 이화여자대학교출판부
**주소** 서울특별시 서대문구 대현동 11-1(우 120-750) | **등록** 1954년 7월 6일 제9-61호
**전화** 02) 3277-2965(편집) 02) 362-6076(마케팅)
**팩스** 02) 312-4312 | **전자우편** press@ewha.ac.kr | **인터넷서점** www.ewhapress.com
**책임편집** 이혜지 | **디자인** 정혜진 | **찍은곳** 한영문화사


ISBN 978-89-7300-925-1 04840
ISBN 978-89-7300-855-1 (세트)

값 9,000원